Réimpressions diverses.

G.

C.

A 863

Pour paraître le 1ᵉʳ Décembre.
Chez DUTERTRE, Libraire-Éditeur, 20, Passage Bourg-L'Abbé, à Paris;
ET CHEZ ROUSSEAU, RUE POPINCOURT, 46.

15 CENTIMES LA LIVRAISON

NOUVELLE SOUSCRIPTION

OUVRAGE TERMINÉ

LES JÉSUITES

Histoire, Types, Mœurs, Mystères

PAR M. A. ARNOULD
Auteur de l'Histoire de la Bastille.

Conditions de la Souscription.

Cette nouvelle édition sera publiée en 80 livraisons à 15 centimes, formant deux volumes, grand in-8° jésus, papier satiné et glacé, contenant 700 pages d'impression, ornée de 20 magnifiques gravures sur acier, et de 100 gravures sur bois intercalées dans le texte, d'après les dessins de MM. Tony Johannot, Jules David, Janet-Lange, E. Giraud, Marckl, N. Cazes et Dupuis.

IL PARAIT UNE OU DEUX LIVRAISONS PAR SEMAINE.

Prix de l'ouvrage complet : 12 francs broché.

1849

NOUVELLE SOUSCRIPTION

80 LIVRAISONS A 15 CENTIMES

CONTES DE BOCCACE

(LE DÉCAMÉRON)

ÉDITION ILLUSTRÉE

PAR MM. H. BARON, T. JOHANNOT, H. ÉMY, CÉLESTIN NANTEUIL, GRANDVILLE, CH. PINOT, K. GIRARDET, EUG. LAVILLE, BATAILLE, HOLFELD, ETC.

DE TRENTE-DEUX GRANDES GRAVURES TIRÉES A PART

Et d'un grand nombre de dessins intercalés dans le texte, gravés par les principaux Artistes,

TRADUCTION NOUVELLE PAR A. BARBIER.

CONDITIONS DE LA SOUSCRIPTION.

Cette nouvelle souscription des Contes de Boccace sera imprimée en caractères neufs, par Lacrampe et Compagnie, sur magnifique papier vélin, formera un beau volume grand in-8e jésus, et sera publiée en 80 livraisons à 15 centimes. Il paraîtra une ou deux livraisons tous les samedis. Prix du volume complet et broché : 12 francs.

Il a été tiré un petit nombre d'exemplaires sur papier de Chine, au prix de 14 francs broché.

NOUVELLE SOUSCRIPTION
15 CENTIMES LA LIVRAISON

J.-J. ROUSSEAU ILLUSTRÉ
LA NOUVELLE HÉLOISE
ÉDITION ILLUSTRÉE

PAR MM. TONY JOHANNOT, ÉM. WATTIER, E. LÉPOITTEVIN, K. GIRARDET,
C. ROQUEPLAN, H. BARON, TH. FRÈRE, C. ROGIER, ETC.

DE 250 BEAUX DESSINS
DONT 38 TIRÉS A PART SUR PAPIER DE CHINE

Et d'un superbe Frontispice avec le portrait de Jean-Jacques Rousseau

GRAVÉS PAR M. BRUGNOT

Deux magnifiques volumes grand in-8° vélin, glacés et satinés.

CONDITIONS DE LA SOUSCRIPTION.

La NOUVELLE HÉLOÏSE, imprimée par MM. Lacrampe et Compagnie en caractères neufs, sur papier grand jésus superfin glacé, sera publié en 100 livraisons à 15 centimes.

Chaque livraison, enveloppée dans une jolie couverture de couleur, se composera d'une feuille (8 pages), de deux ou trois gravures intercalées dans le texte, et, toutes les trois ou quatre livraisons, d'un grand sujet tiré à part sur papier de Chine.

Il paraît une ou deux livraisons tous les samedis.

L'ouvrage complet formera deux beaux volumes très grand in-8°, de plus de 800 pages, et comprenant la matière de plus de cinq volumes in-8° ordinaires.

Prix de l'Ouvrage complet : 15 francs.

EXTRAIT DU CATALOGUE DU MÊME ÉDITEUR.

La quatrième édition de la Tenue des Livres en partie simple et en partie double, mise à la portée de toutes les intelligences, pour être apprise sans maître, par Louis Deplanque. 1 fort volume in-8 de 52 feuilles, 7 fr. 50 c. Publié en 25 liv. à 30 c.

Tableau synoptique, théorique, pratique et mathématique de la **Tenue des Livres** en partie double, par Louis Deplanque, grande feuille in-plano. 2 fr. 50 c.

La Clef de la Langue et des Sciences, ou nouvelle Grammaire encyclopédique et morale, par Leger Noel. 4 vol. publiés en 150 livraisons environ à 25 c. 3 volumes sont en vente.

Comptes en participation (Traité complet des), dit vulgairement Comptes à 1/2, à 1/3, à 1/4, etc., par Louis Deplanque. 1 vol. in-8. 3 fr.

Guide du Joaillier et du Bijoutier, concernant les pierres précieuses et fines, avec le moyen de les reconnaître et de les évaluer, par Chevassus (Alphonse), ancien lapidaire. 1 vol. in-12. 1 fr.

Les Confessions de J.-J. Rousseau. Cette édition illustrée des Confessions est enrichie de 28 grandes vignettes tirées à part et d'un grand nombre de vignettes intercalées dans le texte, d'après les dessins de MM. T. Johannot, H. Baron, E. Bataille, K. Girardet, E. Lepoitevin, Pauquet, Eug. Laville, etc. (Paris, Barbier. 1 fort vol. grand in-8. Au lieu de 16 fr., 10 fr.

Hoffmann. — Contes fantastiques. Traduction nouvelle, précédée de souvenirs intimes sur la vie de l'auteur, par Christian. 1 fort vol. grand in-8, imprimé sur papier vélin glacé, illustré de 200 belles vignettes d'après les dessins de Gavarni. (Édition Lavigne). 1 vol. in-8. Au lieu de 12 fr., 6 fr.

Homère. — L'Iliade et l'Odyssée. Traduction nouvelle par E. Bareste. 2 beaux vol. grand in-8, imprimés sur papier vélin glacé, illustrés de 350 vignettes dessinées d'après les monuments grecs, par Devilly, Titeux, etc. Au lieu de 20 fr., 10 fr.

Aventures de Télémaque, suivies des Aventures d'Aristonous, par Fénelon, précédées d'un Essai sur la vie et les ouvrages de Fénelon, par Jules Janin. Edition illustrée par T. Johannot, Signol. Séguin, etc. 1 vol. grand in-8, papier vélin glacé. (Edition Bourdin). Au lieu de 10 fr. 6 fr.

La Sainte-Bible.—Histoire de l'Ancien et du Nouveau Testament. Avec des réflexions morales et édifiantes par J. Derome; précédée d'une instruction de M. l'abbé Deguerry. 1 fort vol. grand in-8, illustré de 31 belles vignettes en taille-douce.
Au lieu de 20 fr., 8 fr.
Ouvrage approuvé par Monseigneur l'archevêque de Paris et Monseigneur l'archevêque de Bordeaux.

Histoire de la découverte et de la conquête de l'Amérique, par Campe. Traduction nouvelle, par Saint-Maurice.
1 vol. grand in-8, illustré de 126 vignettes.
Au lieu de 10 fr., 5 fr.

Roland furieux De l'Arioste. Traduction de Philippon de la Madelaine, illustré de 300 vignettes dans le texte et de 15 sujets tirés à part sur papier de Chine, d'après les dessins de MM. Johannot, etc. 1 volume grand in-8 jésus (Paris, Mallet).
Au lieu de 16 fr., 8 fr.

Robinson suisse (le), de Wiss, traduction de madame Voiart, illustré de 200 vignettes sur bois (Paris, Lavigne). 1 vol. in-8, cavalier vél. glacé. Au lieu de 10 fr., 6 fr.

Voyage pittoresque en Alsace, par le chemin de fer de Strasbourg à Bâle, illustré de nombreux dessins intercalés dans le texte. 1 vol. in-8. (Mulhouse. Au lieu de 6 fr., 2 fr.

Dictionnaire de toutes les Villes et de toutes les Communes de France. Géographie, archéologique, historique, géologique, biographique, bibliographique, administratif, industriel et commercial, de toutes les villes et de toutes les communes de France, et de plus de 20,000 hameaux en dépendant; histoire nationale, rédigée sur des documents authentiques, et publiée sous les encouragements du ministère de l'intérieur et du ministère de l'instruction publique; par A. Girault de Saint-Fargeau. 5 forts vol. in-4 ornés de 100 gravures sur acier et blasons. Au lieu de 80 fr., 40 fr.

Géométrie théorique et pratique, mise à la portée des ouvriers et des élèves qui veulent s'instruire eux-mêmes et *sans maître*, ou le Parfait Manuel de l'*Arpenteur*, par Sébastien Leclerc, revu, corrigé et augmenté par M. Mignot, bachelier ès-lettres et ès-sciences, maître de pension dans l'Académie de Paris. 1 vol. in-8 de 184 pages et 410 fig. 4 fr.

Histoire des grands Capitaines français, depuis Clovis jusqu'à Napoléon, par Laponneraye. 1 vol. grand in-8, broché.
Au lieu de 6 fr., 4 fr.

Histoire de France, par Anquetil, continuée par Marchal. 4 beaux vol. ornés de gravures. Au lieu de 32 fr., 16 fr.

Histoire pittoresque des Voyages autour du Monde, extrait des voyages de Magellan, Byron, Bougainville, Wallis, Surville, Marion, Cook, Laperouse, Dumont d'Urville, etc., par Eugène Hatin. 2 vol. grand in-8, ornés de 15 costumes, de 2 cartes coloriées. Au lieu de 15 fr., 10 fr.

Keepsake des jeunes personnes, par madame la comtesse Dash. 1 beau vol. grand in-8, illustrés de 12 belles lithographies tirées à part. Au lieu de 15 fr., 6 fr.

Touraine (la), ancienne et moderne, par Stanislas Bellanger (de Tours). Cet ouvrage est orné de 10 portraits, de 15 gravures sur bois tirées à part, de 150 blasons des principales familles tourangelles. 1 magnifique vol. grand in-8, br. (Paris, Mercier).
Au lieu de 20 fr., 10 fr.

Commission pour la France et l'Étranger.

Imp. Bénard et Cie., succ. de Lacrampe, rue Damiette, 2.

INTRODUCTION.

Chassés de Venise en **1606**, de Bohême en **1618**, de Naples et des Pays-Bas en **1622**, de l'Inde en **1623**, de Russie en **1676**, de France en **1764**, d'Espagne en **1767**, de Portugal en **1769**, de Rome et de toute la chrétienté en **1773**, condamnés solennellement par les peuples, par les rois et par les papes, démasqués, haïs et méprisés partout, les jésuites n'ont jamais cessé d'exister. On les frappe, ils se relèvent; ils défient et bravent les lois qui les proscrivent. Vaincus sans cesse, sans cesse ils recommencent la lutte. Aujourd'hui, ils seraient peut-être vainqueurs par surprise, si l'ardeur de quelques esprits impatients n'avait trahi trop tôt leurs projets de domination.

Il y a un fait certain, évident, pour tout homme de bonne foi, et qui domine la querelle soulevée de nos jours, c'est la tyrannie que les jésuites exercent sur le clergé. Cette tyrannie, il faut la dévoiler, la rendre visible et palpable, pour qu'on ne puisse pas nous accuser d'envelopper dans une même et injuste réprobation, les bons et les mauvais, les innocents et les coupables. Si le clergé inférieur, si les prêtres des campagnes, ne protestent pas contre les miracles supposés, les médailles de la Vierge, et toutes les ridicules superstitions inventées pour abrutir le peuple, c'est qu'ils sont asservis, c'est qu'ils doivent obéir et se taire sous peine de mort. Ils sont complètement à la discrétion de leurs supérieurs, et leurs supérieurs sont les disciples de Loyola. Dans ce fait, on retrouve tout entier le véritable esprit, la politique constante et invariable de l'ordre de Jésus; le sens pratique des hommes et des choses qui de tout temps l'a distingué. Loyola a mis au monde une race éternelle de diplomates et d'hommes d'affaires qui, par la patience, la ruse, l'habileté consommée, ont tenu, tiennent et tiendront en échec les forces vives de la Société. Ce grand penseur, ce profond sophiste a inoculé à l'humanité une maladie dont peut-être elle ne guérira jamais. Il n'y avait que le jésuitisme qui pouvait concevoir de nos jours l'idée de triompher encore une fois de la raison humaine, de la faire reculer de plusieurs siècles, de l'asservir à l'infaillibilité du pape, à sa puissance sur les choses temporelles. Certes, les chances de victoire n'étaient pas pour lui, il semblait qu'à la première rencontre, au premier choc, il devait être dispersé et anéanti.

Sa première tactique consista à se masquer, à se dissimuler. Il se tint derrière le clergé; mais son allié lui-même était faible. En effet, sur quelle autorité s'appuierait aujourd'hui le clergé? quels seraient ses titres et ses droits au recouvrement de ses priviléges et de son ancienne influence?

Sa parole était jadis un glaive; le glaive est passé en d'autres mains.

Il levait des armées : à sa voix, l'Europe entreprenait la conquête de l'Asie; il ne décide plus de la paix et de la guerre, son rôle est réduit à celui d'aumônier de régiment.

Les prêtres marchaient à la tête de la civilisation; ils en sont devenus les traînards.

Premiers dépositaires de la science, la science ne leur appartient plus; elle leur a retiré le privilége des miracles, elle confond l'imposture de leurs prétendus prodiges.

La philosophie a proclamé la liberté de la pensée; ils se soumettent au jugement souverain et infaillible d'un homme.

C'était se représenter au combat avec des armes impuissantes, tirer des flèches rouillées contre le canon.

Il n'y a pas d'armée sans chef, point de soldats sans général. Le jésuitisme, pour posséder une milice, s'adressa à l'état-major du clergé. L'épiscopat fut embauché. Autrefois, les prêtres à charge d'âmes étaient inamovibles; il fallait pour les destituer, pour les révoquer, un jugement canonique dans les formes. Louis XIV n'eût consenti à rendre les prêtres amovibles, que sous la condition que les évêques le seraient aussi. Les évêques ne voulurent pas de la réciprocité.

Cet état de choses qui garantissait l'indépendance, et avec l'indépendance la moralité du clergé inférieur, fut changé par Napoléon dans une intention politique. Parmi les articles organiques ajoutés au concordat, l'article 31 déclare que :

« Les desservans sont approuvés par l'évêque et *révocables par lui*. »

Le jésuitisme, habile à se servir de toutes les armes et de toutes les circonstances, fit ce qu'avait fait Napoléon : il s'empara des chefs, comme celui-ci s'en était emparé pour les rallier à sa cause. Dès lors il put entrer en campagne.

INTRODUCTION.

De tout temps, les jésuites ont eu la prétention de dominer le clergé, d'exercer la police de l'Église. Cette accusation portée contre eux publiquement, en 1577, par Louis Dollé, avocat des curés de Paris, les frères Allignol viennent de la renouveler, avec autant de raison et de justice, contre l'épiscopat actuel, et on sait que par évêques il faut entendre jésuites.

« C'est avec un vif sentiment de tristesse, disent-ils, que nous nous résignons à descendre dans les profondeurs d'une situation dont le seul aspect nous met la rougeur sur le front, et nous serre le cœur ; mais une conviction profonde qui nous fait voir l'honneur de l'Église, l'intérêt de la religion, celui de la société tout entière, compromis par cette situation fatale, ne nous permet plus de nous taire ; le silence serait ici pour nous plus qu'une lâcheté, il serait une prévarication *. » Et quand ils déplorent la position fausse et humiliante (la révocation au gré de l'évêque) qui « paralyse l'influence du clergé inférieur, qui l'empêche de s'élever à la hauteur de sa mission et de se mettre au niveau des besoins actuels du peuple ; » comment leur répond-on ? on leur retire leurs cures, et les jésuites s'écrient par leur organe officiel : « A part quelques malheureux qui sont de mauvais prêtres et qui auraient été de mauvais citoyens, le clergé inférieur ne se plaint nullement de la domination du haut clergé. »

Et notez que ces *mauvais prêtres*, ces hommes, que selon leur louable habitude, les jésuites insultent et calomnient, ont envoyé leur livre à Rome, que le pape l'a approuvé, et qu'il a condamné au contraire leurs persécuteurs par ces paroles :

« Je ne savais pas que les évêques de France fussent autant de papes. »

Ainsi donc, si le clergé inférieur n'a pas l'influence qu'il devrait exercer par ses lumières, s'il se montre intolérant, ignorant, ce n'est pas lui qu'il faut en accuser. Il voudrait se mettre au niveau des besoins actuels du peuple : les jésuites, qui le tiennent asservi, ne le veulent pas.

Le jésuitisme avait aussi un autre auxiliaire, un autre allié, qui, s'il n'osait pas se déclarer pour lui ouvertement, n'avait garde de s'opposer à ses progrès.

Cet allié, c'est le pouvoir.

Si les faits qui se sont passés et qui se passent sous nos yeux étaient consignés dans les livres des historiens, si au lieu d'appartenir à notre époque ils remontaient à quelques siècles, on aurait peut-être peine à comprendre, d'une part, l'audace et la ténacité d'un parti vaincu qui, le lendemain de la défaite, essaie de parler en maître ; de l'autre, la folie d'un pouvoir qui lie sa destinée à celle de ses plus dangereux ennemis, qui oublie qu'ils ont perdu la royauté et préparé la chute de la dynastie qui l'a précédée. C'est là pourtant ce qui est arrivé. Quelle en est l'explication ?

Toutes les choses humaines sont soumises à une loi logique, impérieuse et inflexible. Aucun fait ne se produit isolément dans le monde, aucun germe, sain ou empoisonné, ne reste stérile. La gloire appelle la gloire et l'amour des grandes choses ; le mensonge engendre le mensonge, la corruption naît de la corruption. Partout où il y a un cadavre, les loups et les corbeaux arrivent pour le dévorer. Les rhéteurs et les sophistes se sont précipités sur l'empire romain penchant vers sa ruine, et ont achevé de l'énerver et de le mettre en lambeaux ; les sophistes modernes, aussi âpres à la curée, ont flairé la proie qu'on leur livrait, et sont accourus par troupeaux malfaisants. Le jésuitisme et le pouvoir devaient en se rencontrant, se reconnaître, se saluer, et se comprendre. Le second préparait le terrain au premier, et rendait sa tâche plus facile; il cherchait à étouffer dans la nation les instincts expansifs et généreux qui de tout temps ont fait sa force et sa puissance : il lui défendait le dévoûment, la pitié pour le malheur des autres, il la dressait à devenir patiente aux injures, insensible aux affronts; il la parquait dans l'immobilité et dans l'égoïsme, il lui soufflait la peur, il lui disait d'adorer le veau d'or, et de crainte d'un retour à ses nobles souvenirs, il la garottait pendant son sommeil, et l'emprisonnait dans une ceinture de pierres et de canons. Mais tout n'était pas encore consommé : les visages gardaient encore leurs masques. Enfin, la trahison en vint à faire son apologie, à prononcer son panégérique, à se glorifier à la tribune; elle se vanta d'avoir été chercher à l'étranger le SOL MORAL DE LA PATRIE. Alors le jésuitisme put croire que son heure était arrivée, et que, puisque cet impudent sophisme valait à son inventeur les plus hautes dignités de l'Etat, et l'honneur de le représenter et de le défendre à l'extérieur, il pouvait bien demander qu'on lui livrât l'enseignement de la jeunesse, lui qui avait aussi inventé des sophismes pour excuser le vol, l'adultère et le meurtre.

Oui, les doctrines impies de l'intérêt matériel, la démoralisation envahissant successivement comme une lèpre toutes les classes de la société, le succès offert partout et toujours comme l'excuse et la justification de toute action, ont servi les jésuites, comme les jésuites de leur côté, servaient un pouvoir corrupteur. L'obéissance passive, règle fondamentale de leur institution, l'obéissance au supérieur qui va jusqu'à faire de l'homme *un cadavre*, *un bâton dans la main d'un vieillard;* leur hiérarchie serrée, leur discipline inexorable étaient un bon exemple à offrir à un peuple d'agioteurs, de commis et de fonctionnaires révocables à volonté : c'était le complément des lois de septembre et des fortifications.

Le jésuitisme rencontra des cœurs malhonnêtes tout prêts à adopter ses maximes : il les enrôla sans détours, sans précautions. Il trouva des cœurs honnêtes, mais faibles, déçus dans leurs espérances, fatigués de la corruption éhontée qui s'étalait autour d'eux, gémissant au spectacle des bassesses et des lâchetés qui triomphaient sous leurs yeux; il les attaqua de biais, il rusa, il mentit pour s'emparer de ces convictions incertaines et flottantes. Aux mondains, aux ambitieux, il prêcha le succès; aux dévots, il vendit des médailles et des miracles : l'argent et les jouissances aux uns, la superstition et ses rêveries aux autres.

Le calcul était excellent, l'association eût été féconde, surtout pour les révérends pères, s'ils avaient agi avec leur prudence ordinaire, et attendu pour dominer le pouvoir qu'ils l'eussent attiré, enlacé et compromis au point de ne plus être maître de séparer sa cause de la leur. Le pouvoir voulait bien qu'on l'aidât à remporter la victoire; mais, la victoire gagnée, il prétendait se faire, dans le partage des dépouilles, la part du lion. Il s'était allié, mais non asservi, car la foi lui manque; il est philosophe, voltairien, protestant, tout, excepté catholique fervent et aveugle; il ne va pas à la messe, il n'a pas de confesseur; il sait ce qu'est le jésuitisme, le jésuitisme n'a pas su ce qu'est

INTRODUCTION.

le pouvoir. C'est là sa faute, la première peut-être de ce genre qu'il ait commise depuis sa fondation, mais elle est grave. L'esprit politique de Loyola et de ses disciples, leur habileté pratique, s'obscurcit et se perd : c'est un symptôme de décadence.

Le pouvoir avait livré au jésuitisme la société pour la diviser, la corrompre et l'abrutir; il lui avait laissé la seconde place, mais il gardait pour lui la première. La société de Jésus ne traite pas sur ce pied-là. Les impatients ont fait entendre des menaces. Ces menaces, qui les a relevées? qui a répondu à ces insolences? Le pouvoir auquel elles s'adressaient? Oh! non pas, c'eût été entrer en lutte, et l'on sait qu'il est pacifique, qu'il a horreur de la guerre; il s'est tenu coi, il a fait l'insensible et le mort, comme s'il se fût agi d'un soufflet donné par l'Angleterre. Mieux avisé que les jésuites, il a détourné sur eux l'orage qu'ils amoncelaient sur lui; il avait très-bien compris qu'il devait se borner à les laisser faire, il comprit parfaitement aussi qu'ils se perdaient en révélant leur existence, et il se contenta, pour toute défense, de les abandonner à la haine et à la vindicte publiques. Ce qu'il avait prévu arriva.

Un cri d'alarme, un cri universel de réprobation se fût élevé si les jésuites avaient demandé le monopole de l'enseignement. Ils inscrivirent sur leur drapeau le mot de liberté. C'était, de leur part, un travestissement complet; mais ils sont si bien connus, que personne n'en fut dupe. Cependant, la manœuvre était habile, elle leur permettait d'embrouiller la question, de confondre deux choses distinctes, l'éducation que la jeunesse reçoit de l'université, et la direction qu'elle reçoit en entrant dans le monde. Un des malheurs de notre époque, un des fruits les plus amers de la corruption, le plus dangereux peut-être, parce qu'il compromet l'avenir, est le manque d'enthousiasme de la jeunesse. Chez elle, le calcul a remplacé l'inspiration, la sécheresse de cœur a tué les impressions naïves et généreuses, partage des belles années de la vie; on commence sa fortune à vingt ans, on veut l'avoir faite à vingt-cinq, *per fas et nefas*. Les jésuites disent : —Voilà les hommes que la génération forme et que prépare le pouvoir par ses exemples et ses maximes, ce qui est vrai; et ils ajoutent : — Par ses leçons, c'est-à-dire par l'enseignement de l'université, ce qui est faux. Ce n'est pas l'enseignement qui est mauvais, insuffisant, impie, comme ils affectent de le répéter; c'est la société qui est corrompue, viciée, et qui n'offre à suivre que des modèles d'égoïsme.

La haine du jésuitisme est si profonde en France, qu'elle a recruté au pouvoir des défenseurs, même parmi ses adversaires les plus décidés qui, en toute autre circonstance, ne l'avertiraient pas de ses fautes. Ce sont eux qui l'ont poussé à se défendre. Mais le souvenir de l'alliance tacite le lie et l'engage; il a tant fait de mécontents, il a inspiré tant de défiances, il s'est si bien appliqué à se rendre impopulaire, et il a si complètement réussi, qu'il a besoin de ménager tout le monde, ses ennemis comme ses amis. Et puis, qui parlera en son nom? Quels sont ses avocats! Des hommes également compromis, sans autorité morale : à l'un, l'état de siége; à l'autre, les lois de septembre; celui-ci a élevé les bastilles nouvelles et fait rentrer la flotte, celui-là a désavoué nos amiraux; tous ont trempé dans l'œuvre commune d'abaissement et d'asservissement. De tels adversaires ne sont pas bien ardents, bien re-

INTRODUCTION.

doutables : leurs coups sont mesurés, calculés de manière à faire plus de bruit que de mal. Ainsi, quand on discute la question de l'enseignement, on feint d'ignorer ce qu'on sait parfaitement, on a l'air de douter des scandales dont on ne doute pas, on parle à côté de sa pensée, et, sous prétexte d'impartialité, on évite d'appeler les choses par leur nom. Il s'agit, par exemple, des jésuites chassés solennellement du royaume, des jésuites « *auxquels on ne doit que l'exclusion* [b]. » Quel expédient a-t-on trouvé pour les écarter de l'enseignement? « *On leur demandera sur leur simple parole, s'ils sont ou non, membres des congrégations défendues par les lois* [c]. »

La parole des jésuites! la parole des professeurs de restrictions et de mensonges!

Il y a quelques années, nous avons été témoins d'un étrange spectacle, nous avons assisté à la naissance, et peu après à la mort en cour d'assises, d'une religion, d'une doctrine soi-disant nouvelle qui prêchait la communauté des biens, des femmes et des enfants. S'il eût été de mode, à cette époque comme aujourd'hui, de traduire sur notre théâtre des pièces grecques, on aurait épargné aux avocats du roi de grands frais d'éloquence. Aristophane aurait fait justice du saint-simonisme renouvelé de la République de Platon.

« Je pose en principe, dit Praxagora dans *les Harangueuses*, qu'il faut que toutes choses soient en commun, que tout le monde ait part à tout, et vive de la même manière, en sorte que l'un ne soit pas riche et l'autre misérable, que celui-ci n'ait pas des possessions immenses, et celui-là à peine où l'enterrer; qu'on ne voie pas dans une maison une monstrueuse suite d'esclaves.... Dans mon plan, les femmes seront communes, et auront des enfants de qui elles voudront. — Mais si tous les hommes veulent avoir la plus belle? — Les plus laides et les plus hideuses seront près des plus jolies, et quiconque voudra quelqu'une de celles-ci, s'adressera d'abord à une laide. — Mais les hommes comment feront ils? car les femmes excluront de chez elles les hommes difformes, laids, et n'accueilleront que les beaux garçons. — Les laides épieront les beaux garçons, quand ils reviendront de souper; et les plus laids parmi les hommes furèteront dans le marché et dans les lieux publics, et aucune femme ne pourra donner des droits sur elle aux beaux hommes, avant de s'être prêtée aux vœux des laids et des camus. — Mais, en vivant ainsi, comment sera-t-il possible à un chacun de reconnaître ses enfants? — Pourquoi faire? Les enfants regarderont comme leurs pères tous ceux qui seront les plus avancés en âge. »

Voilà tout le saint-simonisme. Il raisonnait à Athènes comme à Paris, n'oubliant qu'une chose pour vivre, la condition même de l'humanité, celle qui distingue l'homme de la bête. L'omission, comme on voit, est de peu d'importance. Dans cette question vitale et si grave de l'enseignement, ne procède-t-on pas comme les harangueuses et les saint-simoniens, par omission?

Laissons de côté l'université; là n'est point le débat. L'université, telle qu'elle existe, est un instrument bon ou mauvais. S'il est bon, qu'on le conserve; s'il est mauvais, qu'on le modifie. Le point principal, essentiel, est de savoir si, dans l'état actuel de la société, l'enseignement sera, en tout ou en partie, civil ou clérical.

INTRODUCTION.

Qu'est-ce que l'enseignement? La nourriture spirituelle donnée à l'enfance et à la jeunesse.

Quel est son but? d'élever, de fortifier les âmes en développant les intelligences. L'homme vaut d'autant plus qu'il est plus éclairé. L'enseignement prépare pour l'avenir des pères de famille, des artistes, des littérateurs, des savants, des légistes, des citoyens dévoués à leur pays, soumis aux lois, il est la base sur laquelle reposent les destinées d'une nation.

On comprend facilement, et sans qu'il soit besoin de s'y arrêter, qu'un moyen d'action aussi puissant soit entouré de garanties; que la société, par ses représentants, par ses mandataires, ait le droit de le surveiller : mais ces garanties, mais ce contrôle suffiront-ils à rassurer la société, à prévenir le mal? Sera-t-il loisible à chacun, sous ce contrôle, tel sévère qu'on le suppose, de distribuer l'enseignement? en criant au monopole, en demandant la liberté absolue, égale pour tous, les meneurs de l'insurrection savaient bien ce qu'ils faisaient : ils posaient la question dans des termes généraux, ils voulaient forcer le pouvoir à l'accepter dans les mêmes termes, c'est-à-dire à s'engager dans une discussion théorique et à négliger les faits particuliers et spéciaux qui forment la conviction de chacun. Le pouvoir n'a pas manqué de donner volontairement dans le piége où on croyait l'attirer à son insu. Il s'est senti à l'aise dans le champ illimité de l'abstraction; il a saisi, comme une bonne fortune inespérée, l'occasion de parler une fois au nom de la liberté; il a, de son côté, écrit ce mot magique sur son drapeau qu'il a déployé dans le vide, n'ayant garde de heurter qui que ce soit, de dire un mot des choses et des personnes.

Le clergé, — non pas le clergé actuel, soumis en ilote aux évêques, non pas les évêques entachés de jésuitisme, — mais le clergé, quel qu'il soit, doit-il être admis à faire partie du corps enseignant?

Nous répondons : Non.

Nous parlons sans haine, sans colère, sans passion, sans engagement pris, nous disons ce que nous croyons être la vérité, et voici nos raisons.

Quand la loi m'accorde un droit, protége mon industrie, constitue ma propriété, elle définit le droit qu'elle m'accorde, elle m'avertit que telle industrie n'est pas licite, elle pose des limites à ma propriété. Ce sont toutes choses visibles, palpables, matérielles, écrites dans le code; elle trace autour de moi un cercle que je ne puis pas franchir. Il n'y a pas d'équivoque, pas d'obscurité. Je connais la loi, je dois la connaître : protégé par elle, frappé par elle, je suis partout et toujours responsable.

Maintenant, le clergé, auquel vous avez livré une partie de l'enseignement, enseigne mal, à votre avis. Où et comment l'atteindrez-vous? La limite posée pour moi est-elle posée pour lui? Avez-vous pu lui dire, comme à moi, pour être obéi : Tu iras jusque-là, tu n'iras pas plus loin, et si tu vas plus loin, je te retire le droit que je t'ai donné? Son droit! mais il vous répondra qu'il ne le tient pas de vous, qu'il le tient de Dieu; il n'est pas citoyen, il est prêtre; vous faites les lois, il gouverne les consciences. La faute qu'il a commise est grave : vous fermez son école, bien; il monte en chaire : vous le faites descendre de sa chaire, soit; il entre au confessionnal : l'y suivrez-vous, au nom de la liberté absolue, égale pour tous? au nom de la liberté, lui boucherez-vous les oreilles? l'empêcherez-vous de bénir et de pardonner? Une fois qu'il a mis le pied sur ce domaine de la conscience, il vous échappe, il vous brave; il devient invisible et insaisissable pour vous. Poursuivez-le donc dans les cœurs qui le reçoivent et qui lui donnent asile! cherchez donc à paralyser cette action sourde, cachée, mystérieuse qu'il exerce à toute heure, à toute minute! Il règne par l'amour, par la mysticité, par l'enthousiasme, par tout ce qui fait les convictions ardentes et inébranlables; il domine le mari par la femme, l'amant par la maîtresse, les jeunes gens par les vieillards, ceux-ci par la mort; il a la récompense de toutes les vertus, la rémission de tous les péchés, le secret de toutes les faiblesses, la clef de tous les cœurs; il fait naître et apaise les terreurs; il est mêlé à tous les sentiments, il est saint, il est adoré. Et c'est en présence de ces priviléges, c'est quand il les possède sans que que vous puissiez les lui ravir, que vous l'admettez au partage avec moi, et que vous me dites : Le partage est égal! Laissez-lui le royaume des âmes, laissez venir à lui les faibles et les souffrants, tous ceux qui désirent une espérance et des consolations, les cœurs ardents que la foi seule peut assouvir, les cœurs tièdes qui ne s'élancent pas d'eux-mêmes jusqu'à Dieu, qui ne le voient pas dans la création et qui le cherchent dans les temples : laissez-lui cette part dans l'humanité, elle est grande, immense, infinie; mais ne lui dites pas : Vous serez ce que vous ne pouvez pas être, vous serez, dans une mesure pareille, l'homme de l'État et l'homme de Dieu; vous enseignerez en même temps des choses qui ne s'accordent pas, la foi et la science. Ne me dites pas, au nom de la liberté égale pour tous, je vous concède le même droit qu'à l'ecclésiastique, car, au delà des justes limites du mien, il en a un qui est illimité; ne dites pas aux pères de famille : La liberté est égale pour tous, pour ceux qui veulent être enseignés comme pour ceux qui enseignent, choisissez. Leur choix est fait forcément; ils l'ont fait ou on l'a fait pour eux, hier à vêpres, ce matin au confessionnal, et votre prétendue liberté n'est autre chose que le monopole de l'enseignement remis au clergé.

Mais l'État peut-il le garder pour lui? pourquoi non? L'État est-il un grand séminaire? ne peut-il pas séparer ce qui est parfaitement distinct, l'éducation civile et l'éducation religieuse? Des mathématiciens, qui seraient fort embarrassés de mettre d'accord Josué et Galilée, n'enseignent pas la théologie aux séminaristes; pourquoi ferait-on instruire les élèves de l'école polytechnique par des théologiens? Vous voulez que votre fils soit prêtre? eh! bon Dieu! qui l'en empêche? Les maisons ne manquent pas; il y a en France cent soixante établissements tenus par des ecclésiastiques, dont dix-huit petits séminaires contenant vingt mille élèves, affranchis de toute surveillance, et le diable sait ce qu'on y enseigne! Nous en dirons quelques mots tout à l'heure.

Certes, nous admettons la sincérité dans la foi religieuse, nous croyons à l'observation des règles austères qu'elle impose, nous croyons à la vertu qui sort victorieuse de ces rudes épreuves; mais enfin, il faudra bien convenir, à moins de raisonner comme les harangueuses et les saint-simoniens, à moins de nier la nature humaine, que ces convictions peuvent et doivent souvent succomber dans la lutte. Il naît des hommes et non des prêtres; tout le monde ne naît pas prédestiné, tout le monde n'ouvre pas la bouche pour faire des

INTRODUCTION.

sançon et de Bordeaux, et dans lequel l'auteur donne aux jeunes gens des deux sexes des principes de chasteté en termes tels qu'il est à peu près impossible de les répéter.

Nous ne nous doutons guère qu'il se fait à Paris des miracles, et des miracles véritables certifiés par monseigneur de Quélen, qui rédigea à ce sujet un beau mandement; nous vivons dans une ignorance profonde, dans une indifférence coupable des saintes choses et des cures merveilleuses qui s'accomplissent sous nos yeux. Quand nous avons la grippe, nous envoyons chercher le médecin : erreur, dont nous sommes bien punis; car le médecin nous laisse tousser, s'il ne nous tue pas, en punition de notre impiété. Les jésuites ont découvert un remède à toutes les maladies, un remède infaillible et à bon marché. Lisez plutôt la *Notice historique sur l'origine et les effets de la médaille miraculeuse, par M***, prêtre de la congrégation de Saint-Lazare;* publiée chez Adrien Leclère. L'histoire est curieuse :

« Dans le courant du mois de septembre 1830, une jeune sœur du noviciat des filles de la Charité avait vu pendant l'oraison un tableau représentant la sainte Vierge, telle qu'on la peint communément (il aurait fallu dire telle qu'on la peint, puisqu'il s'agit d'un tableau ; mais l'auteur, sans doute, a voulu éviter de faire un calembourg dans un si grave sujet) sous le titre d'immaculée, en pied, revêtue d'une robe blanche et d'un manteau de couleur bleu-argenté, avec un voile aurore, les bras entr'ouverts et étendus vers la terre; ses mains étaient chargées de diamants, d'où s'échappaient, comme par faisceaux, des rayons d'un éclat ravissant, qui se dirigeaient vers le globe, et avec plus d'abondance sur un certain point. Elle entendit en même temps une voix qui lui disait : *Ces rayons sont le symbole des grâces que Marie obtient aux hommes; et le point du globe où ils découlent plus abondamment, c'est la France.* Autour du tableau, elle lut l'invocation suivante, écrite en caractères d'or : *O Marie! conçue sans péché, priez pour nous qui avons recours à vous!* Quelques moments après, le tableau se retourna ; et sur le revers elle vit la lettre *M*, surmontée d'une petite croix, au-dessous les saints cœurs de Marie et de Jésus. L'ayant considéré attentivement, la novice entendit de nouveau la même voix qui lui ajouta : *Il faut faire frapper une médaille sur ce modèle, et les personnes qui la porteront indulgenciée, et qui feront avec piété cette courte prière, jouiront d'une protection toute spéciale de la Mère de Dieu.*

« Elle vint, dès le lendemain, me faire part de cette vision, que je regardai comme un pur effet de son imagination, et je me contentai de lui dire quelques mots sur la véritable manière d'honorer Marie et de nous assurer sa protection en imitant ses vertus. Elle se retira sans s'inquiéter et sans s'occuper davantage de sa vision. Six ou sept mois après, la vision s'étant réitérée de la même manière, la sœur crut encore devoir m'en rendre compte ; mais je n'y attachai pas plus d'importance que la première fois, et la congédiai de même.

« Enfin, après un autre intervalle de quelques mois, elle vit et entendit les mêmes choses; mais la voix ajouta que *la sainte Vierge n'était pas contente de ce qu'on négligeait ainsi de faire frapper la médaille.*

« Cette fois, sans cependant le manifester, j'y fis plus d'attention, par la crainte surtout de déplaire à celle que l'Église nomme, à si juste titre, *le refuge des pécheurs*. D'un autre côté, toujours dominé par cette pensée que ce pouvait être une illusion et le pur effet de son imagination trompée, je n'en fis bientôt plus aucun cas. Plusieurs semaines s'étaient passées ainsi, lorsque j'eus occasion de voir monseigneur l'archevêque. La conversation nous donna lieu de raconter tous ces détails au vénérable prélat, qui nous dit ne voir aucun inconvénient à la confection de cette médaille, vu surtout qu'elle n'offrait rien d'opposé à la foi de l'Église ; qu'au contraire, tout y est conforme à la piété des fidèles envers la très-sainte Vierge ; que, par conséquent, elle ne pouvait que contribuer à la faire honorer, et qu'il désirait avoir une des premières. Dès-lors, je me déterminai à la faire frapper.

« Mais les ravages du choléra-morbus ayant multiplié les fonctions de mon ministère, j'en ajournai l'exécution jusqu'en juin 1832, époque où elle fut frappée selon le modèle dont il est parlé ci-dessus. »

Il nous est bien permis assurément de douter un peu du miracle, quand le narrateur lui-même, averti à plusieurs reprises, s'obstine à le traiter de chimère et de vision. En faisant cet aveu, révérend père, avez-vous songé à l'accusation que vous portiez contre vous ? Comment, ce n'est pas assez d'être incrédule d'abord ! Mais quand monseigneur de Quélen a éclairé votre pauvre esprit des lumières de son intelligence, vous hésitez encore, vous ajournez, sous prétexte du choléra ! Eh ! grand Dieu ! que dites-vous là, et qu'avez-vous fait ? Vous avez des milliers de morts sur la conscience, puisqu'il suffit de *porter sur soi la médaille* pour être guéri de toute maladie. Combien d'enfants sont orphelins, combien de maris regrettent leurs femmes, combien de frères pleurent leurs sœurs, par votre faute, par votre impardonnable négligence ! Et quels regrets vous devez avoir en enregistrant les miracles de la médaille ! Chaque guérison doit être pour vous un remords ; et il faut voir dans votre livre la confession d'un cœur sincère qui s'humilie et s'accuse, à moins qu'on n'y reconnaisse un esprit trop simple pour comprendre ce qu'il dit. Quelle autre opinion peut-on avoir en présence du fait suivant ?

GUÉRISON DE M. HUTTIN. — PARIS. — CONSTATÉ.

« Vers l'année 1818, M. Julien Huttin fut attaqué d'une maladie chronique qui le mit dans le plus grand danger. Plusieurs médecins des plus distingués, entre autres M. Dubois et M. Dupuytren, lui donnèrent leurs soins sans qu'ils en résultât aucune amélioration dans son état. Cette maladie consistait principalement en continuels maux de cœur, de violentes coliques et des vomissements qui ne lui permettaient de rien garder de ce qu'il prenait. La nature de ces vomissements semblait extraordinaire et toute particulière, sans que jamais les médecins pussent se l'expliquer, et, par conséquent, la détruire. M. Huttin, depuis longues années, n'avait pu presque quitter son lit, et, quoiqu'il fût d'une constitution forte et robuste, il était devenu d'une faiblesse et d'une maigreur extrêmes. Parfois, dans de courts intervalles, ses souffrances, si violentes et si pénibles, s'apaisaient un peu ; mais, presque aussitôt, des crises nouvelles et presque aussi douloureuses, survenaient et laissaient le malade dépourvu de toute espérance de guérison. Les aliments ne pouvaient passer et provoquaient toujours de nouveaux vomissements qui ne tendaient qu'à aggraver son état désespéré. Enfin, la longueur de la maladie, jointe aux divers traitements qu'avait entrepris si souvent le malade, épuisa ses ressources, et il résolut de se faire porter à l'hospice de la charité. C'est là que la Vierge immaculée devait faire éclater sa protection d'une manière si visible et si particulière sur M. Huttin. M. L'herminier, chargé de donner ses soins aux malades de cet hôpital, ne crut point devoir lui faire aucun traitement, attendu qu'il le regardait comme un homme perdu, qui n'avait pas longtemps à vivre ; aussi, passait-il devant son lit sans lui parler et se contentait-il d'ordonner quelques tisanes indifférentes. Il y avait environ six semaines que M. Huttin languissait dans cet hospice, lorsque sa fille, madame Sinan, qui portait avec piété la médaille, pensa faire (probablement l'auteur a voulu dire eut la pensée de faire) une neuvaine à Marie immaculée pour demander la guérison de son père. Elle pria la sœur Mélanie et la sœur Euphrasie, toutes deux chargées de la salle, de vouloir bien s'unir à elle, afin d'obtenir du ciel ce quelle n'attendait plus d'aucun secours humain. Le malade reçut avec joie, reconnaissance et attendrissement, la médaille que la sœur Mélanie lui donna. Ce fut le 24 décembre 1834 que la neuvaine fut commencée. Dès le lendemain, le malade se trouva mieux ; ce mieux s'augmenta si subitement que, le 27, M. Huttin, qui ne pouvait pas se lever auparavant et encore moins marcher, se leva lui seul, quitta l'hospice, et se rendit à pied, sans être accompagné, rue d'Argenteuil où il demeurait. Depuis ce moment, M. Huttin n'éprouva aucun des accidents dont il avait tant souffert pendant seize années consécutives. Il mangea de tout indifféremment, aucune espèce de nourriture ne l'incommodait ; il put aller, venir, marcher, comme un homme jouissant d'une santé parfaite, et même reprendre le travail de son état interrompu depuis tant d'années. »

C'est, sans doute, avec le consentement de M. Huttin que M. M*** a publié le récit de cette guérison qui ressemble à ces cures merveilleuses qu'on lit à la quatrième page des journaux, entre les annonces d'un charlatan, traitant les maladies secrètes, et une réclame pour le théâtre du Vaudeville. Mais il faut avouer que M. L'herminier est de bonne composition. Plus d'un à sa place, aurait intenté un procès en diffamation à l'auteur, et n'aurait pas souffert qu'il dit et pût faire croire que les médecins d'hôpitaux passent devant les malades, confiés à leur soins, *sans leur parler*, et se contentent, *pendant six semaines*, de leur faire boire du chiendent. Mais peut-être bien que M. L'herminier n'existe pas plus que M. Huttin, pas plus que mademoiselle Adeline, mademoiselle Aurélie, M. Canal, madame Laprotte et une centaine d'incrédules et de malades, hommes et femmes, convertis et guéris par la médaille. Les révérends pères mentent aussi facilement qu'ils calomnient et dénoncent.

On a reproché avec raison au jésuitisme de substituer partout une sorte de mécanisme aux élans du cœur, d'annihiler la raison et la conscience, et de remplacer la piété par des pratiques toutes matérielles. Sagit-il ici d'autre chose que d'une superstition grossière, d'une véritable amulette? La foi et le repentir ne sont pas nécessaires ; qu'on *porte sur soi*, c'est-à-dire qu'on achète, au profit des révérends pères, la médaille, et le tour est fait. Cassez-vous une jambe en descendant par la fenêtre d'un appartement où vous venez de forcer un secrétaire, portez la médaille, et vous voilà remis sur vos deux pieds, frais et dispos et en état de continuer votre honnête métier. Soyez libertin, et recueillez les fruits empoisonnés de la débauche, n'allez pas à l'hôpital; les médecins diraient de vous : — C'est un homme mort, et il n'y a pas à s'en occuper. — Portez la médaille, et retournez chez les courtisanes, auxquelles vous ferez bien de donner le précieux talisman. On le trouve chez M. Vachette, quai des Orfèvres, n° 54, et il y en a pour toutes les bourses, en or, en argent et en cuivre. Depuis juin 1832, M. Vachette (ses registres en font foi) en a vendu deux millions en or et en argent, dix-huit millions en cuivre; onze autres fabricants, à son avis, en ont vendu la même quantité ; à Lyon, quatre autres au moins le double. Ce qui fait cent vingt millions de médailles, quatre-vingt-quatre ou quatre-vingt-cinq-millions de plus que la population totale de France. Mais il faut tenir compte, pour expliquer cet excédant, des médailles perdues, usées, vendues, mises et laissées au Mont-de-Piété, ainsi que des Turcs, des Chinois, etc., etc., convertis et guéris. Que vient-on donc crier à l'impiété du siècle! Grands et petits, nobles et manants, gouvernants et gouvernés, médecins et malades, nous avons tous acheté la médaille! Vous ne saviez peut-être pas l'avoir, ni moi non plus. Mais les registres de M. Vachette et la notice historique l'attestent, il faut bien le croire.

Nous le demandons à tout homme de bonne foi, à toute âme sincèrement pieuse, qui faut-il accuser de profaner les choses saintes et respectables, ceux qui vouent au ridicule de pareilles superstitions, ou ceux qui les propagent et qui les changent en impôt levé sur la crédulité et l'ignorance?

La médaille miraculeuse donna naissance à *une association de prières en l'honneur du très-saint et immaculé cœur de la très-sainte Vierge*, dont le fondateur est M. Dufriche-Desgenettes, curé de Notre-Dame-des-Victoires, association approuvée, comme la médaille, par mandement de monseigneur de Quélen. Il y a longtemps que les jésuites minent le terrain sous nos pieds et que, comme des troupeaux de taupes, ils creusent leurs voies souterraines.

Le livre de M. le curé Desgenettes (*Manuel d'instruction et de prières* à l'usage des membres de l'archiconfrérie du très-saint et immaculé cœur de Marie, Paris, Debécourt 1845) contient une foule d'histoires édifiantes, instructives et pathétiques. Comme M. le curé les prend sous sa responsabilité personnelle, nous sommes trop polis pour lui dire ce que nous en pensons quant au fond; quant à la forme, c'est autre chose : elle nous paraît en général assez plate; mais nous lui promettons d'acheter la médaille miraculeuse qu'il suffit de *porter*, sans avoir la foi, pour être converti. De cette façon nous trouverons que M. Desgenettes est un écrivain distingué; mais nous n'en croirons rien, ce qui met parfaitement d'accord nos sentiments de déférence et notre goût en matière de littérature.

L'histoire de Désiré, gâté et corrompu par les systèmes philosophiques, est trop longue pour que nous la rapportions ici. Passons aussi sur celle de M. M***, homme d'esprit, très instruit, mais impie, athée avec frénésie, et qui, grâce à la médaille et aux prières de l'archiconfrérie, fit sa première communion le 3 décembre 1837, à l'âge de soixante-douze ans. M. M*** était animé d'une telle ferveur, qu'oubliant son âge, il partit pour convertir les infidèles; mais, par malheur, il mourut en route avant d'arriver à Pontoise.

Les jésuites ne manquent pas une occasion de dire son fait à l'Université. Au nombre des pécheurs convertis figure N. J. B..., avocat. « Il avait reçu dans sa première jeunesse les principes d'une éducation chrétienne; mais pendant son cours de philosophie, à l'âge de quinze ans, dans un lycée, un professeur de mathématiques, homme impie, matérialiste et libertin, s'empara de son esprit, le corrompit ainsi que son cœur. A une aussi affreuse école, ce jeune homme perdit tout à la *fois* les mœurs et la *foi;* il devint athée, et, avec le temps, athée systématique. » Mais un jour, l'avocat qui, en sortant, avait laissé sur sa table un volume de Voltaire, trouva à la place *l'Imitation de Jésus-Christ*. Le fait lui parut étrange et lui donna à réfléchir; il réfléchit tant et si bien, qu'il se réconcilia avec Dieu et acheta la médaille. Depuis ce jour il est devenu un modèle de sainteté. »

L'Université ne s'en relèvera pas assurément. Voici maintenant un coup de massue à M. de Lamennais.

« Une dame veuve, d'une des villes maritimes de la France, a un fils de vingt-trois ans... Le séjour de Paris fait perdre à ce jeune homme les principes religieux dans lesquels il avait été élevé... La mère vient à Paris, se loge sur la paroisse de Notre-Dame-des-Victoires, en suit les offices et apprend l'existence d'une association de prières pour demander la conversion des pécheurs, elle veut en faire partie, nous ouvre son cœur, et nous demande de prier pour son fils; elle retourne dans ses foyers. Peu de temps après, un ami de son fils lui donne à lire le livre impie des *Paroles d'un Croyant*. Cette lecture bouleverse le moral du jeune homme...; à peine eut-il lu ce libelle, qu'il devint fanatique d'impiété. Son physique fut aussi altéré que son moral, une fièvre ardente s'empara de lui, le tint dans une agitation continuelle, mina ses forces et le dessécha; ses yeux, ordinairement doux, devinrent et restèrent furieux; il était devenu pâle et maigre d'une manière effrayante; il était entièrement privé de sommeil et ne pouvait prendre aucune nourriture. »

La mère se présente un jour au fondateur de l'archiconfrérie et lui raconte que son fils a été guéri.

« Nous étions à table, au souper, dit-elle, mon fils était devant moi; il ne pouvait rien prendre, et moi je ne pouvais manger, les morceaux me restaient dans la bouche, mes yeux roulaient dans les larmes, je n'osais l'envisager; je ne pus plus me contenir, je lui dis : Mon fils, dans quel état es-tu? tu n'as voulu suivre aucun de mes conseils... Je n'ai plus qu'une chose à te demander, je te la demande pour moi, pour ma consolation; en disant cela, je détache de mon cou la médaille miraculeuse que vous m'avez donnée en me recevant dans l'association : c'est que tu mettes cette médaille à ton cou, en te couchant, que tu me promettes de la garder toute la nuit, et qu'en la mettant tu récites la petite prière qui est gravée dessus. Il me le promet et se retire. »

La nuit se passa, le lendemain matin la mère va voir son fils, et ce grand garçon de vingt-trois ans s'écrie : — « *Ah! maman*, que j'ai bien dormi toute la nuit! »

Il va sans dire que le convalescent se repentit, se confessa, communia, mangea, engraissa, et guérit complétement. M. de Lamennais et le diable sont bien attrapés.

Une des histoires les plus bouffonnes de ce recueil est la conversion d'un capitaine de l'armée française, ancien sous-lieutenant de la garde impériale, fils d'un général de brigade mort au service de la France sous l'Empire; né au camp, sous la tente, âgé de quarante-quatre ans, qui avait fait partie de l'armée qui a conquis Alger, et qui avait été envoyé en Espagne comme capitaine d'un des régiments de la légion d'Alger. Blessé grièvement dans ce pays, il fut ramené en France pour sa guérison : il habitait Paris depuis plusieurs mois et était complétement guéri. Ce brave officier, dont la poitrine était couverte de quatre décorations, la Couronne de Fer, la Légion-d'Honneur, les Ordres de St-Ferdinand et d'Isabelle la Catholique, ces deux dernières remportées dans la guerre de 1823; ce brave officier n'avait pas reçu le baptême. Né, comme nous l'avons dit, sous la tente, pendant la campagne de Belgique, au commencement de 93, il se rappelait parfaitement avoir entendu plusieurs fois, à l'âge de dix à douze ans, sa mère dire à son père qu'il fallait faire baptiser cet enfant, qu'il ne l'avait pas été à sa naissance, et le père répondre que ce n'était pas la peine, que, quand il serait plus grand, il choisirait une religion si cela lui convenait. Enfant de troupe, bercé dans les camps et élevé dans une école militaire de l'Empire, son éducation n'avait eu rien de religieux. Il avait bien pensé quelquefois à se faire baptiser, mais il n'y mettait pas un très grand prix; d'ailleurs ses occupations, les distractions, l'agitation de sa vie, ne lui en faisaient pas trouver le temps.

Le dimanche 3 septembre 1837, le capitaine entra dans l'église de Notre-Dame-des-Victoires, où l'on célébrait la fête de saint Augustin, second patron de la paroisse. « Le prédicateur, en racontant la jeunesse de saint Augustin, parle de Tagaste, d'Hippone, de Carthage; ces noms ne lui sont pas inconnus (au capitaine); il revient d'Alger, cela l'intéresse. Au départ de l'Afrique pour Rome (le départ de saint Augustin), son attention redouble (l'attention du capitaine), il a fait les guerres d'Italie. A la fin de l'office, le curé n'ayant point de pécheur à recommander spécialement, se sentit inspiré de recommander à la dévotion des fidèles, pendant la prière publique qu'on allait faire pour les pécheurs, l'âme de la personne présente dans l'assemblée qui avait le plus besoin de la grâce de la conversion (le capitaine avait déjà vu le curé) : ému, ébranlé par tout ce qu'il venait de voir et d'entendre, cette dernière circonstance le frappa vivement, il tomba à genoux, il pria : il n'en avait peut-être jamais fait autant...

« Le lundi 4 septembre, il vint nous trouver. Sa visite nous étonna; il nous avait continuellement parlé, dans les deux conférences que nous avions eues ensemble, de l'obligation pressante où il était de rejoindre son corps; nous ne le croyions plus à Paris.— Mon père, nous dit-il, j'ai été hier soir à la messe dans votre église; je passais sur la place des Petits-Pères à sept heures et demie, je vis entrer deux femmes dans l'église; je pensai qu'on ne disait plus de messe à cette heure-là; je voulus voir ce qu'elles allaient faire : j'entrai par curiosité; vous montiez dans la chaire, vous avez parlé d'Hippone, de Carthage, ces villes étaient sur la côte d'Afrique, j'en ai entendu parler pendant que j'étais à Alger. Cela m'intéressa beaucoup. Quand saint Augustin partit d'Afrique pour aller en Italie, je dis : Ah! voyons s'il a été dans des villes que je connais, car j'ai été dans toute l'Italie; j'étais avec mon père dans toutes les campagnes, j'étais soldat à quatorze ans. J'ai été souvent à Rome, j'ai demeuré longtemps à Milan. Vous avez parlé de saint Ambroise, j'ai vu son tombeau, j'ai eu souvent des rapports avec l'archevêque de Milan, j'ai été bien des fois chez lui; j'ai tout entendu avec un grand intérêt, mais, ce qui m'a le plus frappé, c'est que saint Augustin, converti, se disposa à recevoir le baptême, et que, pour s'y préparer, il se retira à Cassi pour y faire une retraite et s'exercer à la pénitence. Je connais Cassi, c'est un petit village à la porte de Milan, rempli de guinguettes où l'on va le dimanche pour s'amu-

ser comme aux barrières de Paris. Je me dis : « Ah! je connais Cassi, j'y ai été bien des fois pour danser, pour m'amuser (le capitaine ne dit pas tout probablement), et tout de suite je pensai : saint Augustin y allait pour faire pénitence et se préparer à son baptême, et moi j'y allais pour m'amuser et me livrer à mes plaisirs, et je ne suis pas baptisé, je ne suis pas chrétien... Quand je sortis de l'église, des camarades m'attendaient au Palais-Royal, nous devions passer la soirée ensemble à la Rotonde; j'y m'y rendais quand j'entrai dans l'église, mais je n'étais pas d'humeur d'y aller; je suis rentré dans ma chambre et je me suis couché; je n'ai pas fermé l'œil de la nuit, je n'ai pensé qu'à cela. Je suis bien aise à présent que vous ne m'ayez pas baptisé quand je vous l'ai demandé, cela ne m'aurait rien valu, je ne savais pas ce que c'était. A présent j'y ai réfléchi, et je vois que, pour être bon chrétien, il faut que je me corrige de mes mauvaises habitudes et que je soumette mes passions; eh bien! je le ferai, parce que je veux être chrétien comme saint Augustin. »

Le capitaine fut en effet baptisé le 17 septembre.

Que vous en semble, incrédules ? N'est-ce pas édifiant, et surtout admirablement raconté? Voilà l'instruction la nourriture spirituelle que les jésuites distribuent au peuple. Dira-t-on que ces contes n'ont aucun danger, aucune chance de succès, que la raison publique en fera justice? Depuis 1839, le Manuel de l'archiconfrérie a eu dix éditions, tirées chacune à plusieurs milliers d'exemplaires. En huit mois, grâce à l'activité des révérends pères, l'archiconfrérie s'était agrégé cent quarante-neuf associations de prières, et appartenait à quarante quatre diocèses. M. le curé Charles-Éléonore Dufriche-Desgenettes explique ainsi ce prodigieux succès :

« Depuis cinquante ans, quel tableau dégradé nous présente la société en France? La jeunesse, l'enfance sont généralement corrompues par l'éducation publique. On parle encore de religion, il est vrai, dans les collèges, mais en donne-t-on l'exemple? des prêtres zélés s'efforcent d'en développer le germe dans les cœurs, mais les exercices religieux, encadrés par les autres, considérés, avec trop de raison par les jeunes gens, comme les moins importants aux yeux de leurs maîtres, ne leur paraissent plus que comme une contrainte, un joug, une corvée qu'il faut acquitter à certaine époque de sa vie, et dont il sera opportun de se décharger quand on le pourra; et que d'aveugles, que d'insensés parents sont dominés par ce préjugé impie! Ainsi, dans cette éducation, très-peu pour l'esprit, sous le rapport moral, rien pour le cœur, et c'est dans le cœur que siégent les passions!

« Ah! quelle société nous ont faite de pareils préludes! Essayerons-nous d'en esquisser le tableau? Pour le faire équivalemment, il nous faudrait tremper notre plume dans le sang et dans la boue, etc., etc. » Suit le tableau *dégradé;* puis arrive la conclusion :

« La bonté divine nous présente le rameau d'olivier dans le très-saint et immaculé cœur de Marie; c'est un pacifique arc-en-ciel qu'elle fait luire au-dessus des sombres nuages de nos désordres et de nos iniquités. »

Il n'y a pas à se tromper sur la pensée de M. le curé. Le mal date de cinquante ans, c'est-à-dire de la révolution qui a supprimé les priviléges du clergé. Il est bien évident aussi que le clergé ne se contente pas de partager l'enseignement; à ses yeux les colléges doivent être des séminaires où *les exercices religieux ne soient pas encadrés et resserrés par les autres*. Faites des prêtres d'abord; on verra plus tard à faire des pères de famille et des citoyens : élevez des jésuites, voilà l'essentiel.

Il y a quelques années, au temps de sa prospérité littéraire, M. de Balzac disait avec orgueil : « Le premier financier de l'époque, c'est M. Scribe; le second, c'est moi; M. de Rothschild n'est que le troisième. » Les révérends pères s'entendent bien mieux que ces trois hautes capacités à battre monnaie,

INTRODUCTION. xxxiii

L'association pour la propagation de la foi, une de leurs dernières inventions, laisse bien loin derrière elles toutes les rouèries imaginées pour piper l'argent du public; c'est l'idéal du bon marché, le rabais poussé à son extrême limite : un sou par semaine? et la recette du mois de mars 1842 s'est élevée à DEUX MILLIONS SEPT CENT CINQUANTE-DEUX MILLE DEUX CENTS QUINZE FRANCS !

Passons maintenant à la morale des jésuites.

LE PARJURE.

Il n'y a pas de cœur honnête qui n'ait en horreur le parjure. Ouvrons le *Compendium*, ouvrage de J.-P. Moullet, ancien professeur de théologie morale, imprimé à Fribourg et extrait des meilleurs auteurs, principalement du P. Liguori.

« *Quæritur ad quid teneatur, qui fictè et dolosè juravit ?*

« *Ad nihil tenetur ex virtute religionis, cum verum juramentum non emiserit; tenetur tamen ex justiciâ ad præstandum, quod fictè et dolosè juravit.* » Compendium, p. 221.

- « On demande à quoi est tenu un homme qui a prêté serment d'une manière fictive et pour tromper ?

« Il n'est tenu à rien par la vertu de religion, puisqu'il n'a pas prêté un serment véritable. Cependant il est tenu par la justice à accomplir ce qu'il a juré d'une manière fictive et pour tromper. »

La distinction est toute jésuitique, et on ne comprend pas comment la religion peut dégager quand la justice oblige. Mais les jésuites se chargent de lever la difficulté.

« *In quolibet juramento promissorio, licèt absoluto, tacitæ quædam conditiones insunt : si potero ; salvo jure et auctoritate superioris ; dummodò res in eodem moraliter statu permaneant.* » Compendium, p. 219.

« Dans toute promesse faite sous serment, même absolue, il y a certaines conditions tacites, telles que : si je puis ; sauf le droit et l'autorité du supérieur ; pourvu que les choses restes moralement dans le même état. »

On voit ce que devient la vertu de religion avec ces restrictions inhérentes au serment. Du moment que celui qui jure peut faire cette réserve et reste maître de décider s'il peut ou s'il ne peut pas, il est clair qu'il ne pourra jamais, surtout s'il a juré avec l'intention de tromper. La proposition en elle-même et sans commentaires est abominable et impudente ; il faute être jésuite pour oser seulement l'écrire et poser en principe qu'il est permis de jurer d'une manière fictive. La doctrine des révérends pères a été exposé dans toute sa nudité par Jean de Cardéna, provincial d'Andalousie, mort à Séville en 1680.

« L'INTENTION INTÉRIEURE est, selon les docteurs, comme l'AME DES PAROLES : les paroles seront donc comme autant de CADAVRES SANS VIE et le SERMENT PERDRA TOUTE SA FORCE, si celui qui le fait n'a pas INTENTION DE JURER. »

Livrez donc l'enseignement aux jésuites !

LE VOL.

« *Si v. g. uxor marito pecuniam auferat et abscondat, ne eam dilapidet, modò habeat intentionem eam posteà restituendi, non est furtum.* » Compendium, p. 321.

« Si une femme, par exemple, prend de l'argent à son mari et le cache pour qu'il ne le dépense pas, pourvu qu'elle ait l'intention de le rendre plus tard, elle ne commet pas un vol. »

« *A furto excusat necessitas extrema.* » Compendium, p. 323.

« Une nécessité extrême excuse le vol. »

« *Non furator qui in necessitate extremâ accipit rem alienam ad vitæ suæ vel suorum conservationem necessariam. In tali enim necessitate omnia sunt communia, saltem quoad usum.* » Compendium, p. 323.

« Celui qui par nécessité extrême prend la chose d'autrui nécessaire à sa conservation ou la conservation des siens, NE VOLE PAS. En effet, dans une telle nécessité, TOUTES LES CHOSES SONT COMMUNES, du moins quant à l'usage. »

Les forçats ne raisonnent pas autrement, et dans les loisirs que leur laisse le bagne, ils doivent bien regretter que les jésuites n'aient pas rédigé le Code pénal, comme ils ont rédigé le *Compendium*.

Mais tout le monde n'a pas le cœur assez ferme pour affronter le procureur du roi et la cour d'assises : il faut faire la part des timides et des honteux : les révérends pères ont des préceptes pour tous les tempéraments.

« *A furto etiam excusat occulta compensatio, quâ creditor ex bonis debitoris clàm tollit quantùm sibi debetur.* »

« L'EXCUSE DU VOL est LA COMPENSATION OCCULTE par laquelle le créancier PREND EN SECRET A son débiteur AUTANT QU'IL LUI EST DU. »

Ainsi un tailleur demande quarante francs pour la façon d'un habit ; on ne veut lui en donner que trente ; il vole pour dix francs de drap à sa pratique : COMPENSATION OCCULTE. Un employé dans un ministère reçoit dix-huit cents francs de traitement ; il estime que son travail vaut deux mille francs ; chaque jour il emporte sous son manteau du bois, le papier, les canifs, les plumes de l'administration, il dévalise la bibliothèque, jusqu'à concurrence d'une somme de deux cents francs : COMPENSATION OCCULTE.

Livrez donc l'enseignement aux jésuites !

LA CONTREBANDE.

« *Quid sententiendum de iis, qui contrà prohibitionem certas merces (vulgò contrebandes) in civitatem, vel provinciam invehunt, et qui, si deprehenduntur, mulctari, eorumque merces confiscari solent?*

« RESP. *Eos per se non peccare, nec ad ullam restitutionem teneri, communiter censent doctores, etiam strictiores, quià, dicunt mulctarum, aliarumve pœnarum metus harum legum effectum ac finem ut plurimùm, quoad necesse est, promovere solet; ergò principes non præsumuntur obligationem in conscientiâ subditis imponere, ut potè non necessariam ad obtinendum finem intentum. Hæc sententia est valdè probabilis et videtur in praxi tuta.* » Compendium, p. 410.

Que faut-il penser de ceux qui introduisent dans une ville ou dans une province des marchandises de contrebande, au risque de l'amende et de la confiscation ?

INTRODUCTION.

« Réponse. Ils sont exempts de péché et ne sont tenus à aucune restitution, selon l'opinion commune des docteurs, même les plus rigoureux, parce que, disent-ils, la crainte des amendes et des autres peines infligées par les lois suffit d'ordinaire, autant qu'il le faut, à produire l'effet et à atteindre le but que s'est proposé le législateur. Donc les princes ne sont pas considérés comme imposant à leurs sujets une obligation de conscience, cette obligation n'étant pas nécessaire pour que le but de la loi soit atteint. Cette opinion est très-probable et paraît très-sûre dans la pratique. »

Oh! révérends pères, songez-vous bien à ce que vous dites, aux conséquences qu'on peut tirer de vos paroles? Le *Compendium* se vend chez Drach, place du Dôme, n° 11, à Strasbourg, ville frontière, pays de contrebande : c'est de la morale locale. Mais voyez donc ce qui résulte de ce principe : que l'obligation de conscience est détruite par la pénalité. Le bandit qui m'attaque la nuit dans la rue, qui me frappe et qui me dépouille doit craindre aussi les peines portées par les lois contre les attaques nocturnes ; et parce qu'il y a dans le Code pénal un article qui le concerne, IL EST EXEMPT DE PÉCHÉ ; mais s'il n'est pas tenu de rendre, il lui était permis de prendre : or, je n'ai pas voulu lui laisser prendre ; donc, c'est moi qui suis coupable d'appeler la patrouille et de faire arrêter ce brave homme, *qui a couru tant de danger pour me voler et m'assassiner*.

Livrez donc l'enseignement aux jésuites!

LE VIOL.

« *Qui vi, minis, fraude, precibus valdè importunis virginem corrupit absque promissione matrimonii, tenetur omnia damna compensare, virgini et ejus parentibus indè obvenientia, eam nempè dotando, ut nubere possit, imò eam ducere debet si alio modo indemnem pæstare nequeat. Si tamen scelus omninò occultum maneat, probabiliùs ad nullam restitutionem in foro interno obligandus est stuprator eoquòd tunc puella nullum reapsè damnum passa sit, præter amissionem virginitatis, quod damnum pecuniâ, vel aliis bonis fortunæ resarciri nequit.* » Compendium, p. 106.

« Celui qui par force, menaces, fraude, prières importunes, a séduit une jeune fille sans lui promettre mariage, est tenu d'indemniser la jeune fille et ses parents de tout le tort qui en est résulté pour eux, en la dotant pour qu'elle puisse se marier ; il doit même l'épouser s'il ne peut l'indemniser autrement. Pourtant, si le crime est resté complétement secret, il est plus que probable que dans le for intérieur le séducteur n'est tenu à aucune réparation, parce qu'alors la jeune fille n'a souffert d'autre dommage que la perte de sa virginité, dommage que ne peut effacer aucune réparation matérielle. »

Livrez donc l'enseignement aux jésuites!

L'OBÉISSANCE.

« *Actus humanus judicatur virtuosus vel vitiosus, secundùm bonum apprehensum, in quod voluntas fertur, et non secundùm materiale objectum actûs.*

« *Idem sensit S. Bernardus, dùm ait, subditum prælato suo obedientem ex rectâ intentione, meritoriè agere, quamvis materialiter agat contrà legem Dei.* » Compendium, p. 38.

« L'acte humain est jugé VERTUEUX ou VICIEUX, selon le bien qu'on saisit en y portant sa volonté, et non selon L'OBJET MATÉRIEL DE L'ACTE.

« Saint Bernard pense de même, lorsqu'il dit que le subordonné obéissant à son prélat, dans une bonne intention, AGIT MÉRITOIREMENT, quand bien même il AGIRAIT MATÉRIELLEMENT CONTRE LA LOI DE DIEU. »

Livrez donc l'enseignement aux jésuites !

L'HONNEUR DES JEUNES FILLES.

« *Si tamen ex fugâ vel clamore immineret periculum vitæ, vel famæ amittendæ, nec adesset periculum proximum consensûs in deflorationem, nec fugere, nec clamare teneretur puella.* » Compendium, p. 9.

« Si pourtant en fuyant ou en criant, il y avait danger pour une jeune fille de perdre la vie ou la réputation, et que sa volonté ne soit pas dans un péril prochain de consentir à être violée, la jeune fille ne serait tenue ni de fuir, ni de crier. »

C'est toujours le même principe :

Et ce n'est pas pécher, que pécher en silence.

Mais aux yeux des jésuites, il y a quelque chose au-dessus de l'honneur, c'est l'obéissance aux superstitions. Une jeune fille peut se laisser violer sans crier, s'il n'y a d'autre inconvénient au viol que le viol lui-même ; mais elle doit mourir plutôt que de faire gras le vendredi.

« *Si quis ab hæreticis captus compelleretur ad comedendas carnes tempore quadragesimæ in contemptum legis ecclesiasticæ, eique comminarentur mortem hæretici, nisi comederet, potiùs ipsi moriendum esset, quàm ut in tali eventu carnes ederet, quià esus carnium in hâc circonstanciâ esset, interpretativus contemptus potestatis ecclesiasticæ.* » Compendium, p. 68.

« Si quelqu'un, endoctriné par des impies, était invité à mépriser la loi ecclésiastique et à manger de la viande en carême ; si ces impies allaient jusqu'à dire à cette personne que sa vie est en danger si elle ne mange pas de la viande, elle devrait plutôt mourir que d'en manger dans un cas pareil, parce que, dans cette circonstance, une telle action équivaudrait au mépris de l'autorité ecclésiastique. »

Les jésuites ne disent pas le fin mot : on peut se procurer des dispenses. L'impiété est de ne pas donner son argent à Rome, de ne pas acheter les chapelets bénits et les petits livres d'indulgences des révérends pères. Voilà la cause de ce stoïcisme religieux : la mort plutôt qu'une aile de poulet ! Et en effet, cela coûte si peu pour se mettre en règle, pour désarmer la colère de l'Église ! Les bons pères vendent à perte.

LE MEURTRE.

« *Certum est autem licere furem occidere ad conservanda bona, quæ ad vitam absolutè necessaria sunt, quià tunc invasor non solùm bona, sed ipsam quoque vitam indirectè aggreditur. Sed dubium est, utrùm liceat occidere injustum agressorem bonorum temporalium magni momenti, quamvis ad vitam non necessariorum, si aliter defendi nequeant? Sententia affirmans videtur probabilior. Ratio est, quià charitas non exigit, ut quis faciat jacturam nobilem bonorum temporalium ad servandam vitam proximi.* » Compendium p. 269.

« Il est certain que, pour conserver des biens absolument nécessaires à la vie, il est permis de tuer un voleur, parce qu'alors l'agresseur s'attaque non-seulement aux biens, mais indirectement à la vie elle-même. Mais il est douteux s'il est permis de tuer celui qui porte injustement atteinte à des biens de grande valeur, quoique non nécessaires absolument à la vie, s'ils ne peuvent être défendus autrement. L'opinion qui affirme paraît la plus probable. La raison en est que la charité n'exige pas qu'on supporte une perte notable de ses biens pour conserver la vie du prochain. »

LE FANATISME.

« *Hæresis quoque reus est, si sciens contrarium ab Ecclesiá catholicá doceri nihilominùs judicaverit omnes religiones, quæ christianæ dicuntur, esse salvificas; imò, quià hunc errorem volontarium externè manifestavit, excommunicationem majorem per se incurrit.* » Compendium, p. 500.

« Est aussi coupable d'hérésie celui qui, contrairement à la doctrine de l'Eglise catholique, qu'il n'ignore pas, prononce qu'on peut se sauver dans toutes les communions chrétiennes; bien plus pour la manifestation extérieure de cette erreur volontaire, il encourt l'excommunication majeure. »

L'AVORTEMENT.

« *Propter abortum fœtûs nondùm animati hodierno jure nulla pœna ipso facto incurritur, sicut nec ob sterilitatis procurationem.* » Compendium p. 274.

« D'après le droit d'aujourd'hui, nulle peine canonique n'est encourue de plein droit pour l'avortement d'un fœtus encore inanimé, ni pour la stérilisation. »

Il y a plus : le prêtre qui vient de se souiller de cet abominable crime, ou de tout autre aussi odieux, peut, dans des cas urgents, selon le *Compendium* (t. II, p. 68), dire la messe sans confession préalable !

De quelle impudence, de quelle effronterie dans le vice ne faut-il pas être doué, pour prêcher de pareils sacriléges! Mais sur cette question, comme sur toutes les autres, les jésuites équivoquent et disent : Puisque la contrition parfaite, avec le désir du sacrement, a, dans ce cas, la vertu d'effacer les péchés, il n'est pas vrai de dire que le prêtre dit la messe EN ÉTAT DE PÉCHÉ MORTEL; il la dit au contraire EN ÉTAT DE GRACE. Voici comment Pascal, dans la lettre VI des Provinciales, a répondu à cette impiété :

« Quoi! mon père, on doit suivre cette opinion dans la pratique! Un prêtre qui serait tombé dans un tel désordre, oserait-il s'approcher de l'autel le même jour, sous la parole du père Bauny? Et ne devrait-il pas déférer aux anciennes lois de l'Église, qui excluaient pour jamais du sacrifice, ou au moins pour un long temps, les prêtres qui avaient commis des péchés de cette sorte, plutôt que de s'arrêter aux nouvelles opinions des casuistes qui les y admettent le jour même qu'ils y sont tombés? — Vous n'avez pas de mémoire, dit le père : ne vous appris-je pas l'autre jour que, selon nos pères Cellot et Reginaldus, on ne doit pas suivre dans la morale les anciens pères, mais les nouveaux casuistes ? — Je m'en souviens bien, lui répondis-je ; mais il y a plus ici, car il y a les lois de l'Église. — Vous avez raison, me dit-il, mais c'est que vous ne savez pas encore cette belle maxime de nos pères : que les lois de l'Église perdent leur force quand on ne les observe plus, comme dit Filiutius. Nous voyons mieux que les anciens les nécessités présentes de l'Église. Si on était si sévère à exclure les prêtres de l'autel, vous comprenez bien qu'il n'y aurait pas un si grand nombre de messes. Or, la pluralité des messes apporte tant de gloire à Dieu et tant d'utilité aux âmes, que j'oserais dire avec notre père Cellot, dans son livre de la Hiérarchie, liv. VII, c. xi, qu'il n'y aurait pas trop de prêtres, quand non-seulement tous les hommes et les femmes, si cela se pouvait, mais que les corps insensibles et les brutes mêmes seraient changés en prêtres, pour célébrer la messe. »

LA JUSTICE VÉNALE.

« *Judex, qui anté prolatam sententiam liberaliter et sponte oblata accipit, non peccat, nec ad restitutionem tenetur, solo jure naturali, quia hæc acceptio nemini injuriosa est.* » Compendium, p. 351.

« Le juge qui, avant la sentence, accepte des présents offerts spontané-

ment et par libéralité, n'est pas coupable et n'est pas tenu à la restitution parce que cette acceptation ne porte préjudice à personne. »

INTRODUCTION.

Pardon, mes révérends pères, elle porte préjudice à la partie adverse qui n'est pas assez riche pour corrompre la justice. Mais ce n'est pas tout, ce n'est pas assez de cette monstruosité : selon les jésuites, la justice peut être injuste. Il faut les lire, pour croire à de pareilles doctrines.

« *Dubitatur an judex possit condemnare eum quem scientiâ privatâ certò novit esse inocentem, si per testes legaliter probetur reus.* »

« R. *Si agatur de causâ civili, aut infligendâ pœnâ quâdam pecuniariâ, potest judex secundùm allegata et probata judicare. Ratio est, quià princeps thacet altum dominium in bona subditorum, vi cujus de iis disponere potest, si et quomodò commune bonum exigit.* » Compendium, t. II, p. 348.

« Il est douteux si un juge peut condamner celui que, dans sa conscience, il sait être innocent, mais que des témoins déclarent coupable. »

« **R.** S'il s'agit d'une peine civile ou d'une amende pécuniaire à infliger, il peut juger d'après les faits allégués et les preuves produites à l'appui. La raison en est que le prince a la haute main sur les biens de ses sujets, et qu'il peut en disposer selon ce que le bien général exige. »

L'IMMUNITÉ CLÉRICALE.

Quand on ose ainsi se faire professeurs de scandale et de corruption, il est prudent de se mettre en garde contre la juste sévérité des lois. Aussi les jésuites prétendent-ils soustraire le clergé à toute juridiction laïque.

« *Nulla est lex principis sæcularis circà res sacras et spirituales, ut potè solius Ecclesiæ regimini subjectas ; nulla quoque lex aut sententia civilis immunitatibus ecclesiasticis contraria.* »

« La loi d'un prince séculier concernant les choses sacrées et spirituelles est nulle, puisqu'en effet ces choses sont soumises au seul gouvernement de l'Église ; est aussi nulle toute loi ou sentence civile contraire aux immunités ecclésiastiques »

Quelles sont ces immunités ?

« *Triplex est privilegium clericorum, scilicet privilegium canonis, privilegium fori, et* IMMUNITAS A TRIBUTIS ET EXACTIONIBUS *auctoritate laicali impositis* » Compendium, t. II, p. 317.

« Les priviléges du clergé sont de trois sortes, savoir : le privilége du canon, le privilége de juridiction, L'IMMUNITÉ DES IMPÔTS ET TRIBUTS LEVÉS PAR L'AUTORITÉ LAÏQUE. »

LES RESTRICTIONS MENTALES, LES ÉQUIVOQUES, LA DISSIMULATION.

« *Usus restrictionis sensibilis, vel æquivocationis determinabilis exteriùs non est mendacium, nec per se deceptio proximi, si quidem verba signis et circumstanciis humano modo cognoscibilibus, in quibus pronuntiantur, conjuncta, totum in quod est in mente, exprimunt : undè si interrogans in errorem inducatur, id fit per accidens, et quià non satis attendit ad omnes circumstancias. Cæterùm usus talis restrictionis vel æquivocationis non nocet commercio humano, quin potius ipsi favet.* » Compendium, p. 329-330.

« L'usage de la restriction sensible, ou de l'équivoque qu'on peut reconnaître extérieurement, n'est pas mensonge, ni en elle-même tromperie du prochain, si par des signes ou des circonstances humainement appréciables dans lesquels elles sont prononcées, ces paroles expriment tout ce qui est dans la pensée. Si celui qui interroge est induit en erreur, c'est un accident, et parce qu'il n'a pas donné une attention suffisante à toutes les circonstances. L'usage des restrictions et des équivoques de cette nature ne nuit pas au commerce humain; il le favorise bien plutôt. »

Quand la morale des jésuites n'est pas odieuse, subversive de tous les principes d'honnêteté, elle est ridicule et tombe dans des puérilités absurdes. Pourquoi équivoquer en paroles, si les signes et les gestes contredisent et démentent ce qu'on dit? Mais le poison est caché sous ces niaiseries apparentes.

« *Sic eluditur importunitas hominum curiosè inquirentium de rebus, quas scire ad eos non pertinet.* » Compendium, p. 330.

« On déroute ainsi la curiosité importune des gens qui s'informent de choses qu'ils n'ont pas besoin de savoir. »

Que le procureur du roi interroge un jésuite et lui demande s'il a fait avorter une jeune fille, le jésuite répondra : NON ; puis il fera un petit signe de tête qui voudra dire OUI, et le jésuite n'aura fait aucun mensonge; et s'il est prêtre, il s'en ira dire la messe.

Nous n'en sommes qu'à la restriction et à l'équivoque : faisons encore un pas, et nous arriverons à la dissimulation.

« *Dissimulatio enim est, quandò quis nec verbo, nec facto significat id quod in mente habet, sed ab eo quasi abscindit, vel abstrahit : ut si quis interrogatus an habeat pecuniam, aliá de re quasi inadvertenter loqui incipiat. Dissimulatio per se nihil inhonesti continet, consequentur licita est, nisi conjuncta sit cum scandalo,* » Compendium, p. 331.

« Il y a dissimulation quand quelqu'un ne témoigne, ni par paroles, ni par fait ce qu'il pense, mais retranche, pour ainsi dire, et abstrait sa pensée de la parole et du fait, comme par exemple, une personne interrogée si elle a de l'argent, et qui, par une feinte inadvertance, parle d'autre chose. La dissimulation en soi n'a rien de déshonnête ; par conséquent elle est permise, à moins qu'il n'en résulte du scandale. »

Vous avez commis un vol, mon révérend père.—Il fait bien beau aujourd'hui, répond le jésuite ; et si le questionneur, qui se mêle de choses qui ne le regardent pas, se contente de cette réponse, tout est pour le mieux; car le vol a été commis sans témoins, sans bruit, donc il n'y a pas scandale.

L'ADULTÈRE.

« *Si quis delectetur de copulá cum muliere nuptá, non quià nupta sed quià pulchra est, abstrahendo, silicet, a circumstanciá matrimonii, juxtà plures A. A. hæc delectatio non habet malitiam adulterii, sed simplicis fornicationis,* » Compendium, p. 126.

« Si quelqu'un se délecte de l'union avec une femme mariée, NON PARCE QU'ELLE EST MARIÉE, MAIS PARCE QU'ELLE EST BELLE, faisant ainsi abstraction de la circonstance du mariage, cette délectation, selon plusieurs auteurs, ne constitue pas LE PÉCHÉ D'ADULTÈRE, mais de simple fornication. »

Voilà une doctrine rassurante pour les maris! plus leurs femmes seront belles, plus on sera autorisé à les leur ravir. Un peu plus, et les révérends pères feraient une action méritoire de l'adultère, pourvu qu'il n'y ait pas de scandale. On ne comprend pas pourquoi ils se sont arrêtés en si beau chemin. Se figure-t-on un avocat argumentant, en police correctionnelle, d'après les principes des jésuites, et disant : « Une belle femme est le plus bel ouvrage de Dieu : donc, aimer une belle femme, *per se*, pour elle-même, en tant que créature appétissante, c'est honorer Dieu, c'est rendre hommage au Créateur. *Delectatio in matrimonio*, la délectation dans le mariage est légitime et forcée; le mari ne peut la refuser à sa femme, la femme à son mari. Or, je suis célibataire : la fornication sans scandale n'est punie d'aucune peine; donc, en faisant abstraction de ce fait complétement insignifiant et sans importance dans l'espèce, du mari, qui est de tout point d'ailleurs, un pauvre sire, tandis que je suis jeune, beau, aimable et spirituel, j'ai honoré Dieu dans son ouvrage, en forniquant avec cette belle créature; je l'ai honoré d'autant plus que la fornication était moins légitime et moins forcée, que je pouvais y renoncer, et qu'elle n'a eu lieu que par suite de mon admiration et de mon amour pour l'œuvre de Dieu. Or, si j'ai fait abstraction du mari, si j'ai évité le scandale, si j'ai forniqué par piété, non-seulement je ne dois encourir aucune peine, mais j'ai droit à demander une réparation pour avoir été amené sur ces bancs. Donc, je relis mes conclusions, qui tendent à ce qu'il plaise au tribunal condamner Georges Dandin à vingt mille francs de dommages-intérêts envers moi, qui ai forniqué avec sa femme, et à l'insertion du jugement dans *l'Univers*. Qu'on m'adjuge mes conclusions, et j'achèterai pour six mille francs de cachemires et de bijoux à cette belle femme; avec six mille autres, j'en séduirai une seconde, *semper ad majorem Dei gloriam*, toujours pour la plus grande gloire de Dieu, et quant au reste, j'en verserai une partie dans la caisse pour la propagation de la foi; je ferai emplette de médailles miraculeuses, et je me procurerai la dissertation sur le sixième précepte du Décalogue, par monseigneur Bouvier, évêque du Mans, lequel complétera mon instruction si bien commencée par saint Liguori et saint Moullet, auteur du *Compendium*.

DISSERTATIO IN SEXTUM DECALOGI PRÆCEPTUM, ET SUPPLEMENTUM AD TRACTATUM DE MATRIMONIO.

Decima editio, 1843. — Paris, Méquignon junior.

« DISSERTATION SUR LE SIXIÈME PRÉCEPTE DU DÉCALOGUE, ET SUPPLÉMENT AU TRAITÉ DU MARIAGE. »

Dixième edition, 1843. — Paris, Méquignon junior.

Il n'est guère possible de citer autre chose que le titre de cet ouvrage de monseigneur Bouvier. Tout homme qui se respecte et qui respecte ses lecteurs rougirait d'écrire, même dans une langue qui *brave l'honnêteté*, les turpitudes et les saletés, les définitions obscènes, les tableaux cyniques et licencieux qui abondent dans ce livre composé pour l'instruction des jeunes prêtres et des diacres, sous prétexte que :

Licet rebus venereis studere, ob finem honestum confessiones mulierum excipere.... quamvis prævideatur p........, indè secuturam » (p. 54.).

« Il est permis d'étudier les choses relatives à l'amour, dans l'intention honnête de recevoir les confessions des femmes...., même en prévoyant que la p........ doit s'ensuivre.

On ne serait pas plus embarrassé pour transcrire des passages du marquis de Sade ou de toute autre manuel de lubricité, et il y a assurément de vieux libertins dont l'imagination s'arrêterait devant les monstruosités que l'évêque du Mans n'hésite pas à révéler à des jeunes gens.

« *Facta incredibilia præ horrore quem excitant, nos cogunt petere ab quam speciem revocanda sit copula cum muliere mortuâ* »

« Des faits incroyables à cause de l'horreur qu'ils excitent, nous forcent à demander à quelle espèce il faut rapporter L'ACCOUPLEMENT AVEC UNE FEMME MORTE. »

Détestable sophiste ! Mais si les faits sont incroyables, pourquoi en parler ?

S'ils excitent l'horreur par eux-mêmes, qu'avez-vous besoin de les rappeler ?

S'il s'agit d'interroger les femmes en confession, ce ne sont pas des femmes mortes, apparemment. Pourquoi dire qu'il y a des bêtes brutes qui violent des cadavres ?

Pour ceux qui voudront se convaincre que notre langage n'est pas trop sévère, nous indiquerons quelques-uns de ces abominables passages.

« *Sic pariter qui sacramenta ministrans, missam celebrans,* etc. p. 39.

« *Si quis beatam Virginem concupiscendo, coram statuâ vel imagine ejus se p.........* » p. 49.

« *Semen autem est humor viscosus,* etc. etc. p. 48.

« *P . ... est humani seminis,* etc. etc. p. 48.

« *Plures probabilistæ negarunt,* etc. etc. p. 49.

« *Nunc examinandum est an p........ proveniens ex causa licitâ, aut venialiter malâ, sit peccatum, et quale peccatum,* p. 52.

« *Si audiantur masculi qui cum aliis senioribus turpia fecerint,* etc. p. 68.

« *Non refert in quo vase coeant masculi aut feminæ inter se, in anteriori, vel in posteriori,* p. 71.

« *Si autem tantùm fieret applicatio manûs, pedis vel oris ad partes genitales alterius, etiamsi p......... ex utrâque parte locum haberet, non reputaretur sodomia, quia non esset concubitus,* p. 72.

« *Oscula autem in partes corporis insolitas, in pectus, in mamillas,* etc., etc. p. 72.

« *Quis auderet affirmare filium,* etc., etc. p. 90.

« *Quinimò, secluso, consensûs periculo, se ipsum tangere liceret cum prævisione motuum, vel etiam p......... præter voluntatem accidentis, si gravi*

INTRODUCTION. XLIII

existeret causa, v. g. infirmitas curanda, vel juxtà multos, pruritus intolerabilis, ut nonunquàm in mulieribus accidit, sedandus. » p. 85.

« *Quotiescumque vir penetravit,* » etc. etc. p. 122.
« *Partium genitalium difformitas,* » etc. etc. p. 129.
« *Mollities inexcitabilis,* » etc. etc. p. 129.
« *Mala t.......... conformatio,* » etc. etc. p. 129.
« *Si vir more pecudum* » etc. etc. p. 180.
« *Si mulier in os suspiciat,* » etc. etc. p. 180.

Fi? monseigneur, fi donc! *Qui componunt libros graviter obscenos mortaliter peccant.* Ceux qui composent des livres gravement obscènes, commettent un péché mortel. C'est vous-même qui l'avez dit, monseigneur : que votre conscience vous refuse l'absolution. Si, sous prétexte de préserver les jeunes gens du danger, tout autre qu'un évêque écrivait de semblables ordures, le procureur du roi déférerait le livre à la justice, et il manquerait à son devoir s'il ne le faisait pas. Mais puisque vous êtes libre, puisque les lois qui protégent la morale et l'honnêteté publique son muettes quand il s'agit de vous, vous auriez pu, monseigneur, pour compléter l'instruction des jeunes prêtres et des diacres, joindre à votre ouvrage des citations de *l'Aloysia* de l'avocat Chorrier, ou le miroir d'Hostius Quadra, dont Sénèque, dans ses Questions naturelles, raconte de si beaux effets. Cela eût admirablement préparé les séminaristes à interroger les femmes en confession, et aucune turpitude ne leur fût demeurée inconnue. Il est vrai que vous leur en avez dit assez pour supposer que leur imagination fera le reste et comblera les lacunes. Vantez-vous de votre succès! dix éditions en quelques années! Je le crois vraiment bien. Ce sont les mauvais livres qui se vendent vite, et le vôtre est un manuel de libertinage. Dix éditions! Vous en auriez vingt, monseigneur, si vous aviez songé à vous faire illustrer, si vous aviez accompagné le texte de gravures pour rendre la chose plus sensible, pour donner une forme et un corps à l'exemple. Quand on fait le bien, il faut le faire sans réserve, et ne pas économiser sur l'aumône. Si de semblables tableaux n'ont rien de dangereux, bien plus, si, à votre avis, ils doivent faire prendre le vice en dégoût, il y a d'autres âmes en péril que celles des séminaristes; il y a des brebis égarées que vous pouvez ramener par votre parole et votre enseignement. Écrivez donc, monseigneur, écrivez pour les époux impudiques; traduisez en français pour les femmes. *Si mulier in os suspiciat*: qu'elles fassent rougir de leurs goûts dépravés leurs maris qui usent de leurs droits, *more pecudum*. Mais vous n'oserez pas; vous savez bien vous-même que ces leçons ne peuvent se produirent que dans l'ombre, loin des regards; que, pour porter leurs fruits, ils faut qu'elles circulent sourdement, qu'elles corrompent sans bruit. Le cœur vous manque, et vous n'avez pas l'audace du cynisme, car vous vous servez d'une langue que tout le monde ne lit pas. Vous écrivez en mauvais latin pour n'être compris qu'à moitié, et vous mettez un voile sur votre pensée comme on met un masque sur son visage, pour faire, sans être reconnu, une action coupable.

Allez, monsieur, allez, c'est honteux qu'un prêtre qui gouverne les consciences, qui a la confiance des pères et des mères de famille, fouille ainsi dans le secret des alcoves, empoisonne l'esprit de la jeunesse, et, se montrant si instruit de choses qu'il n'a jamais dû pratiquer, inculque sa science obscènes à de jeunes imaginations. Rappelez-vous, monsieur, vous prêtre et chrétien, rappelez-vous cette belle sentence du poëte latin :

MAXIMA DEBETUR PUERO REVERENTIA.

LE PLUS GRAND RESPECT EST DU A L'ENFANT.

C'est ainsi que Rome païenne protégeait l'innocence du premier âge, et qu'au milieu de ses effroyables vices, elle conservait encore à la pudeur un asile dans le cœur des enfants. Rappelez-vous cette sainte parole qui a traversé les siècles, ce cri de la conscience qui s'indigne contre les corrupteurs. Humiliez-vous; déchirez votre soutane ; livrez vos épaules nues au fouet de Juvénal. A genoux, monsieur, et faites pénitence.

Née au milieu du mouvement intellectuel et politique du seizième siècle, la société de Jésus fut la pensée la plus profonde, la création la plus vaste qui peut-être soit jamais sortie d'un cerveau humain. On avait tout renouvelé : l'art de la guerre, la science militaire d'Alexandre, de César, de Charlemagne, de tous les grands capitaines de l'antiquité et du moyen âge venait de changer; la puissance terrible du canon remplaçait la force corporelle ; les monuments littéraires et scientifiques élevés par le génie de l'homme ne devaient plus périr, l'imprimerie leur assurait l'immortalité ; le vieux système féodal craquait de toutes parts ; le protestantisme dressait autel contre autel, et pour donner l'essor à cette activité prodigieuse, à cette fièvre de découvertes et de nouveautés, un monde immense et merveilleux apparaissait par delà des mers. A mesure que la foi s'éteignait, le pouvoir des papes perdait de son prestige, qu'il ne pouvait regagner par la force matérielle, l'influence qu'il avait exercée, la direction et l'initiative lui échappaient. Loyola ne les lui rendit pas; mais il se mêla au mouvement pour l'arrêter, il prit pour point d'appui la conscience, non pas des peuples, mais de l'individu réduit préalablement à une soumission aveugle, à un esclavage moral, et abdiquant entre les mains d'un supérieur son intelligence et sa volonté, libre seulement de faire le mal, de tuer, de voler, de mentir, de dénoncer, de corrompre au bénéfice de la société, et sous le couvert de formules complaisantes et élastiques. C'était créer un arsenal inépuisable, rallier au service d'une cause désespérée des éléments indestructibles, enrôler une moitié de l'humanité contre l'autre moitié, rattacher le passé au présent et à l'avenir. On a beaucoup trop vanté l'enseignement donné par les jésuites ; leur enseignement a été stérile ; leur science est une science de mots. *Nemo novas inducat quæstiones :* que personne ne soulève de nouvelles questions. *Quæstiones de Deo prætereantur :* qu'on ne s'occupe pas des questions qui concernent Dieu. *Inepti ad philosophiam ad casuum studia destinentur :* que ceux qui sont ineptes dans la philosophie, soient destinés à l'étude des cas de conscience *i*.

« Comme la nouveauté ou la diversité des opinions peuvent non-seulement faire obstacle à la foi que se propose la société pour la gloire de Dieu, mais encore ébranler la société elle-même, il est nécessaire de comprimer de toutes les manières, par une loi invariable, la licence des esprits qui veulent introduire ou embrasser certaines opinions. Aussi les provinciaux, selon l'intention des constitutions, mettront les plus grands soins à faire observer par tous les membres de la société, et surtout par les professeurs, les prescriptions du *Guide des études j*.

Voilà le point de départ des jésuites, la base de leur enseignement : l'immobilité et la proscription de toute idée nouvelle; quant aux préceptes de tolérance et de charité qu'ils inculpent à leurs élèves, on peut en juger par la recommandation suivante :

« *Neque ad publica spectacula, comedias, ludos, neque ad supplicia reorum, ni si forte hæreti eorum, eant k* »

« Que les élèves ne soient conduits à aucun spectacle public, comédies, jeux, ni aux supplices des coupables, si ce n'est des hérétiques. »

La restriction ici n'est pas de grande valeur, car nous avons vu plus haut que, selon les jésuites, on est coupable d'hérésie, et qu'on encourt l'excommunication majeure pour croire, contrairement à la doctrine de l'Eglise, qu'on peut faire son salut dans toutes les communions. Si on laissait faire les bons pères, les spectacles ne manqueraient pas à leurs écoliers.

Cette immobilité, cette négation de l'intelligence et de la volonté, condamnent le jésuitisme à une impuissance radicale. On a remarqué avec raison que, depuis trois siècles qu'elle est fondée, la société de Jésus n'a produit aucun homme réellement supérieur dans les arts, dans les lettres et dans les sciences. Tous ses membres portent l'empreinte générale et uniforme apposée par le génie de Loyola : le cachet individuel de chacun s'est effacé, toute originalité a disparu, toute grandeur est tombée sous un impitoyable niveau, la discipline a soumis et comprimé les élans du cœur et de l'imagination: l'automate a remplacé l'homme.

Sans doute, il y a eu des exemples de dévouement et de courage personnels donnés par des missionnaires ; mais quels résultats ont-ils obtenus? aucuns. Là comme ailleurs, par ordre de leurs chefs, ils ont menti aux populations qu'ils devaient éclairer, ils ont prêché une fausse religion, ils ont étalé aux regards un culte extérieur et matériel, au lieu de nourrir les esprits de la pensée véritable du christianisme.

« Tant de travaux, de dévouements associés ont abouti à ne rien produire. Comment cela a-t-il pu être? parce que si les individus étaient dévoués, les doctrines du corps étaient mauvaises. Vit-on jamais rien de semblable? et que cette société mérite au fond plus de pitié que de colère! Qui a plus travaillé et qui a moins récolté? Elle a semé sur le sable, pour avoir mêlé la ruse à l'Evangile; elle a subi le plus étrange châtiment qui soit au monde, et ce châtiment consiste à toujours travailler et à ne jamais recueillir. Ce qu'elle élève d'une main au nom de l'Evangile, elle le détruit de l'autre au nom de la politique. Seule elle a reçu cette terrible loi, qu'elle produit des martyrs, et que le sang de ces martyrs ne produit que des ronces.

« Où sont dans cet immense Orient, ses établissements, ses colonies, ses conquêtes spirituelles? Dans ces îles puissantes où elle a régné un moment, que reste-t-il d'elle? qui se souvient d'elle? Malgré tant de vertus privées, de sang courageusement versé, le souffle de la ruse a passé par là; il a tout dissipé. L'Evangile, porté par un esprit qui lui est opposé, n'a pas voulu croître et fleurir; plutôt que de confirmer des doctrines ennemies, il a mieux aimé se dessécher lui-même. Voilà ce qu'a produit l'embûche dressée pour envelopper le monde.

« Mais j'entends dire : Ils ont fait pourtant une grande chose en Orient. — Oui, sans doute, laquelle ? — Ils ont ouvert la voie à l'Angleterre. — Ah! c'est là que je les attendais, car c'est là que le châtiment est au comble. Ecoutez bien ! les missionnaires de la société de Jésus, les messagers, les défenseurs, les héros du catholicisme ouvrir le chemin au protestantisme; les représentants de la papauté préparer, à l'extrémité du monde, les voies à Calvin et à Luther, n'est-ce pas là une malédiction de la Providence ! c'est du moins un excès de misère propre à faire pitié à leurs plus grands ennemis.

« Or, ce châtiment ne leur a pas été seulement imposé dans l'Asie orientale; partout je vois ces habiles dresseurs d'embûches pris dans leurs propres piéges. On a dit que leurs plus puissants adversaires, les Voltaire, les Diderot, sont sortis de leurs écoles : cela est vrai encore si vous l'appliquez, non à des individus, mais à des territoires, à des continents entiers. Suivez-les dans les vastes solitudes de la Louisiane et de l'Amérique du Nord, c'est un de leurs plus beaux champs de victoire.

« Là aussi, d'autres François Xavier, envoyés par un ordre du chef, s'engagent isolément et silencieusement au milieu des lacs et des forêts non encore parcourus, ils s'embarquent sur le canot du sauvage; ils suivent avec lui le cours des fleuves mystérieux; ils sèment encore là l'Evangile; et, encore une fois, un vent de colère disperse cette semence avant qu'elle ait pu germer. Le génie de la société marche en secret derrière chacun de ces missionnaires, et stérilise le sol à mesure qu'ils le cultivent; après un moment d'espérance tout disparaît, emporté par on ne sait quelle puissance. L'époque heureuse de cette chrétienté sauvage est du milieu du dix-septième siècle. Déjà en 1722, le père Charlevoix vient suivre les traces de ces missions de la société de Jésus : il en découvre à peine quelques vestiges, et ces défenseurs du catholicisme se trouvent encore une fois n'avoir travaillé que pour leurs ennemis; et ces prétendus apôtres de la papauté ont aussi frayé le chemin au protestantisme, qui les enveloppe avant qu'ils l'aperçoivent en sortant des forêts profondes où ils ont lutté de stratagèmes avec l'Indien; ils croient avoir bâti pour Rome, ils ont bâti pour les Etats-Unis ; encore une fois dans la grande politique de la Providence, la ruse s'est retournée contre la ruse.

« Cependant il a été donné à la société de Jésus de réaliser une fois sur un peuple l'idéal de ses doctrines; pendant une durée de cent cinquante ans, elle est parvenue à faire passer tout entier son principe dans l'organisation de la république du Paraguay; par cette application politique, vous pouvez la juger dans ce qu'elle a de plus grand. En Europe, en Asie, elle a été plus ou moins contrariée par les pouvoirs existants ; mais voici qu'au sein des solitudes de l'Amérique du Midi, un vaste territoire lui est accordé, avec la faculté d'appliquer à ces peuplades toutes neuves, aux Indiens des Pampas, son génie civilisateur. Il se trouve que sa méthode d'éducation, qui éloignait les peuples dans leur maturité, semble quelque temps convenir à merveille à ces peuples enfants; elle sait avec une intelligence vraiment admirable les attirer les parquer, les isoler, les retenir dans un éternel noviciat. Ce fut une république d'enfant, où se montra un art souverain à leur tout accorder, excepté ce qui pouvait développer l'homme dans le nouveau-né.

« Chacun de ces étranges citoyens de la république des Guaranis doit se voiler la face devant les pères, baiser le bas de leur robe. Portant dans cette législation d'un peuple les souvenirs des écoles de ce temps-là, pour des fautes légères, les hommes, les femmes, les magistrats eux-mêmes sont fouettés sur la place publique. De temps en temps, la vie fait effort pour éclater dans ces peuplades ainsi emmaillottées. Alors, ce sont des rugissements de bêtes fauves, des émeutes, des révoltes qui, pour quelque temps, chassent, dispersent les missionnaires ; après quoi, chacun rentre dans son ancienne condition, comme si rien ne s'était passé, la foule dans sa dépendance puérile, les instituteurs dans leur autorité de droit divin. Le bréviaire dans une main, la verge dans l'autre, quelques hommes conduisent et conservent comme un troupeau les derniers débris de l'empire des Incas. C'est là en soi un grand spectacle, si on y joint un art infini à s'isoler du reste de l'univers, et, malgré le silence dont on s'environne, des révolutions continuelles qui excitent je ne sais quel soupçon dont personne ne peut se défendre, ni le roi d'Espagne, ni le clergé régulier, ni le pape. Cette éducation d'un peuple se consomme dans un mystère profond, comme s'il s'agissait d'une trame ténébreuse...

« A cette constitution s'attache le triomphe de la société de Jésus, puisque c'est là qu'elle a pu mettre son âme et son caractère tout entier. Mais cette colonisation mystérieuse, est-il sûr qu'elle soit le germe d'un grand empire ? où est le signe de la vie ? Partout ailleurs on entend le vagissement des sociétés au berceau ; ici, j'ai bien peur, je l'avoue que tant de silence, au même lieu, pendant trois siècles, soit un mauvais augure, et que le régime qui a pu si vite énerver la nature vierge, ne soit pas celui qui développe les Guatimozin et les Montézuma. La société de Jésus est tombée ; mais son peuple du Paraguay lui survit de plus en plus muet et mystérieux, ses frontières sont devenues de plus en plus infranchissables, le silence a redoublé, le despotisme aussi. L'utopie de la société de Jésus est réalisé : un État sans mouvement, sans bruit, sans pulsation, sans respiration apparente. Dieu fasse qu'il ne s'enveloppe pas de tant de mystères pour cacher un cadavre ! *l* »

A toutes les époques d'abaissement et de corruption, le jésuitisme reparaît. Il s'efface de nouveau et renoue ses trames dans l'ombre, lorsqu'une idée générale ralliant tous les sentiments honnêtes et élevés domine la société et pousse les peuples dans une voie de moralité et de progrès. Il est périodique mais malheureusement à de courts intervalles, comme les fléaux qui déciment le monde, comme la peste, comme le choléra, que la science combat sans pouvoir les vaincre entièrement, et dont le germe empoisonné se dérobe à ses vains efforts. Pendant les luttes héroïques de la république et du consulat, pendant la grande épopée de l'empire on n'entend pas parler de lui. La main de Napoléon relève la religion, et dans cette large restauration des croyances, il n'y a pas place pour la société de Jésus ; il faudrait creuser la terre, fouiller au fond des complots ténébreux et avortés pour retrouver sa trace. C'est une lumière blafarde et sinistre qui pâlit aux rayons du soleil. Il s'enhardit sous le gouvernement faible et bigot de la branche aînée, il rentre en France aux acclamations des vainqueurs, sous le couvert et le patronnage des traîtres qui reviennent de Gand, et l'on pourrait juger du degré de décadence que nous subissons par ce fait seul, que le jésuitisme n'a jamais été plus fort et plus entreprenant qu'aujourd'hui. Il est grand quand tout est petit autour de lui, redoutable quand tout est faible, actif quand tout est atrophié et paralytique, quand l'emblème, le symbole du pouvoir est une borne.

Dans un temps d'ignorance et de superstition, on aurait vu le doigt de Dieu dans le hasard qui a protégé le chef actuel du gouvernement contre des tentatives criminelles; on aurait regardé le roi Louis-Philippe, échappant par miracle aux balles dirigées contre lui, comme l'élu de la Providence, qui le rendait invulnérable. Cette pieuse explication n'est guère admissible de nos jours que dans des discours officiel de bonne année et de fête, et nous la remplaçons par cette phrase toute simple et toute vulgaire : le roi a du bonheur. Il en a eu un autre : la levée de boucliers des jésuites Il ne fallait rien moins que le jésuitisme pour faire diversion à la haine amassée contre des ministres impopulaires et méprisés. Le danger intérieur fait oublier les humiliations du dehors, et le Système obligé, peut-être malgré lui, d'appliquer les lois du royaume, forcé de donner satisfaction à la conscience publique, retrouvera pour quelque temps la confiance et l'appui qui se retiraient de lui. Les jésuites le sauveront de l'écueil où l'entraîne un ministre, professeur de trahison politique, inventeur de la théorie du *sol moral de la patrie*, homme fatal, Polignac intelligent de la nouvelle royauté.

> Toute notre institution ne semble avoir d'autre but que d'enfouir sous la terre les mauvaises actions et de les dérober à la connaissance des hommes.
>
> MARIANA.

    Le quinze août quinze cent trente-quatre, six hommes revêtus de l'habit de mendiant, la besace sur le dos, le bâton de pèlerin à la main, avaient gravi Montmartre[1] avant le lever du jour, et s'étaient arrêtés au sommet de la montagne, à quelque distance de l'église.

    Agenouillés tous les six, le visage tourné vers l'orient, ils restaient plongés dans le recueillement et le silence. Une longue ligne empourprée s'étendait à l'horizon; le vent frissonnant dans les feuilles annonçait le réveil prochain de la nature; les étoiles pâlissaient sur l'azur, et à mesure qu'elles s'effaçaient au ciel, la terre, se dégageant de l'ombre, reprenait forme et couleur, imposante et visible image de la loi qui régit le monde moral et matériel, de la vie et de la mort qui se succèdent partout et toujours. Des générations nouvelles remplacent les générations éteintes, le désert devient habité, la ville se change en solitude; tout ce qui grandit, tombe; tout ce qui tombe, se relève. La science, la gloire, la puissance, la lumière et la nuit, les ouvrages de l'homme et l'œuvre de Dieu, tout naît pour mourir, tout meurt pour renaître, rien n'est immuable, rien ne périt à côté de nous, sous nos pieds et sur nos têtes.

A leur droite, au delà des plaines qui à cette époque la séparaient de la montagne, la ville commençait à se dessiner dans le crépuscule, et il sortait de son enceinte un murmure sourd et confus, semblable à celui de la mer dans le lointain. A leur gauche, l'abbaye de Saint-Denis [*], où déjà la cloche appelait les fidèles à la prière, dressait dans les airs sa flèche gothique, comme un doigt immobile tourné vers le ciel. Mais ni la ville, ni la sainte abbaye, ni ce sentiment d'espérance qui remplit l'âme rajeunie à cette première heure du jour, ne les détournaient de leur méditation. Aucune émotion ne paraissait sur leur visage : sans mouvement et sans parole, on les aurait pris pour des statues, débris d'un temple dispersés.

Le premier rayon du soleil s'élança au-dessus de l'horizon, comme une flèche enflammée ; l'ombre recula tout à coup devant la lumière et s'évanouit dans la plaine et sur la montagne.

Un de ces hommes s'écria :

— Comme le soleil s'empare des cieux, nous nous emparerons des cœurs et des esprits. Nous serons le flambeau de la foi, chancelante avant nous dans le doute et l'obscurité. Partout où pénètrent ses rayons, au nord et au sud, à l'orient et à l'occident, dans le palais des rois, dans la cabane de l'indigent, au foyer de la famille, nous pénétrerons comme lui, nous porterons notre parole. Le monde est à nous.

— Le monde est à nous, répétèrent les cinq autres. Maître, ordonnez, et nous obéirons.

Cet homme disait vrai ; il s'exaltait avec raison dans sa misère et son humilité. C'était un conquérant qui parlait, prêt à réaliser mieux qu'Alexandre, César, Charlemagne, mieux que tous ceux qui avaient dominé par la force et par le glaive, l'empire universel. Le mendiant qui vivait d'aumônes, l'échappé des prisons de Barcelone, le pèlerin sans nom du saint sépulcre, l'obscur écolier de Sainte-Barbe, allait prendre possession du monde, qu'il avait mesuré du regard et soumis par la pensée. C'était l'apôtre d'une religion nouvelle, le rival du Christ, qui venait prêcher le mensonge, comme le Christ avait prêché la verité ; l'esprit infernal qui voulait tenter et perdre l'homme sur la terre, comme il l'avait tenté et perdu dans le ciel.

Les cinq disciples s'appelaient :
Pierre le Fèvre,
François Xavier,
Jacques Laynez,
Alphonse Salmédon,
Rodriguez d'Azévédo.
Le maître se nommait Ignace de Loyola.

Il portait au front et dans le regard le signe étrange et mystérieux qui désigne à la foule les hommes nés pour dominer, qui attire les faibles et qui subjugue les forts ; il avait en lui la double puissance de l'ascète enthousiaste et du politique patient et rusé, de l'illuminé et du législateur ; il était maître des autres, parce qu'il était maître de lui, parce qu'il soumettait les élans de son cœur à ses calculs, ses calculs à ses inspirations, la chair à l'esprit, l'esprit à la chair. Ses cinq compagnons étaient cinq esclaves qui n'avaient d'autre volonté que la sienne, qui voyaient par ses yeux, touchaient par ses mains, croyaient par sa foi ; il avait étudié leur esprit, sondé leur intelligence, et il les maniait et les transformait à son gré, comme une cire molle et obéissante ; il lisait dans leur cœur aussi bien que dans leur regard.

— En présence de Dieu qui nous entend, reprit-il, nous faisons vœu de pauvreté, de chasteté et d'obéissance, nous nous consacrons au service de la vierge Marie et de son Fils mort sur la croix.

Ses compagnons redirent les mêmes paroles.

— Maître, que faut-il faire ? demanda François Xavier.

— Il faut porter la parole et l'enseignement jusqu'aux extrémités du monde.

— Je traverserai les mers [3].
— A qui doit-on se soumettre? dit Alphonse Salmédon.
— Au pape.
Jacques Laynez [4] dit à son tour :
— Et si les peuples nous repoussent?
— Il faut les convaincre.
— S'ils n'abjurent pas leur haine? s'écria Rodriguez d'Azévédo.
— Souffrir plutôt le martyre que d'abandonner l'œuvre commencée.
— Expliquez-nous ce que c'est que la vertu d'obéissance, dit Pierre le Fèvre.
— Saint Grégoire a dit : « L'obéissance est la seule vertu qui fait naître les autres dans l'âme et les y conserve après la naissance. Tant qu'elle fleurira, les autres vertus fleuriront... Voyant le genre humain accablé et perdu en punition de l'obéissance méconnue, Jésus répara lui-même ses maux par une salutaire obéissance, en se faisant obéissant jusqu'à la mort, jusqu'à la mort de la croix... » Mieux vaut l'obéissance que les sacrifices. En effet, dans les sacrifices c'est une chaire étrangère, dans l'obéissance c'est notre propre volonté qui est immolée : et plus cette partie de notre âme a d'importance, plus le sacrifice que nous en faisons par l'obéissance à notre Seigneur et à notre Créateur en acquiert de prix [5].
— Et si ma volonté est rebelle? dit Salmédon.
— Dépouillez entièrement votre volonté ; cette liberté que votre Créateur vous a départie, il faut librement la lui livrer, la lui consacrer en la personne de ses ministres. De même que les corps célestes réagissent l'un sur l'autre et s'enchaînent réciproquement, de telle façon que l'astre inférieur dépend du supérieur par une sorte d'accord et de hiérarchie ; de même, puisque chez les hommes l'autorité de l'un fait agir l'autre, ce qui s'opère par l'obéissance, il faut que celui qui dépend d'autrui lui soit un serviteur fidèle et obéissant, afin que la vertu de celui qui commande passe en lui et le remplisse. Vous avez trois moyens pour acquérir cette obéissance complète : le premier, c'est de ne pas voir dans la personne du supérieur un homme sujet à l'erreur et aux misères, mais Jésus-Christ lui-même ; le second, c'est de s'essayer toujours

et avec soin à défendre en soi-même ce qu'a dit ou ordonné le supérieur, et jamais à le blâmer ; le troisième est de se figurer que tout ce qu'ordonne le supérieur est l'ordre et la volonté de Dieu lui-même. C'est ainsi qu'agit Abraham en recevant l'ordre d'immoler son fils [6]. L'obéissance dans l'exécution consiste à faire ce qui est ordonné ; l'obéissance dans la volonté, à n'avoir pas d'autre volonté que celui dont on reçoit les ordres ; l'obéissance dans l'intelligence, à penser ce que pense le supérieur, et à croire que ce qu'il ordonne est bien ordonné. Que chacun se persuade que ceux qui vivent dans l'obéissance doivent se laisser mener et conduire à la volonté de la divine providence, par l'entremise de leurs supérieurs, comme un cadavre qui se laisse mener et tourner en tous sens, ou encore comme un bâton qui sert partout et à toute fin au vieillard qui le tient à la main [7].

— Maître, dit François Xavier, avant notre séparation, donnez-nous le livre mystérieux que vous avez écrit sous la dictée de la Vierge [8].

Ignace ouvrit sa besace, et en tira cinq livres qu'il distribua à ses disciples.

Chacun reçut le sien avec respect, le baisa avec amour, et le plaça sur son cœur.

Leur maître, qui retournait en Espagne, leur donna rendez-vous dans deux ans, à Venise. Ils descendirent la montagne par le même chemin, prirent leur route du côté du midi, et les nouvelles plaies se répandirent sur la terre.

Ignace de Loyola resta seul, et les regardant descendre :

— Allez, dit-il, allez avec mes instructions, mais non avec ma pensée. Vous êtes le champ où j'ai déposé le germe qui doit grandir. J'ai eu des visions plus ardentes que les vôtres ; d'autres extases m'ont ravi loin de la terre ; d'autres passions plus brûlantes ont agité mon cœur ; visions, extases et passions, j'ai tout soumis, j'ai tout dompté. Allez et prêchez, j'ai délié vos langues. Allez et enseignez, je vous ai soufflé mon esprit et ma volonté.

Il s'était assis sur le revers de la montagne, du côté de la ville. Le ciel, pur au lever du soleil, s'était couvert de nuages épais, le vent secouait et tordait les arbres, Paris disparaissait dans les flots de poussière soulevés par l'ouragan. Tout autre eût cherché un abri contre la tourmente; mais lui semblait prendre plaisir au spectacle de cette lutte des éléments. Le démon de l'orgueil lui montrait, dans ces convulsions de la nature, l'image du grand désordre moral qu'il allait déchaîner sur le monde; il étendait la main vers la cité comme vers une proie, et son esprit, saisi de vertige, s'abîmait dans la contemplation de sa puissance future.

Il était seul, et cependant il entendit tout à coup une voix qui lui parlait, soit qu'elle vînt d'en haut, apportée par la tempête, soit que ce fût la voix de sa conscience qui se révoltait pour la dernière fois.

Cette voix lui disait :

— Tu as été un vaillant capitaine, pourquoi as-tu ceint la robe de bure au lieu du baudrier, pourquoi as-tu déposé l'épée?

Il répondit :

— Parce que ma force n'était pas dans l'épée, parce que la mitraille m'a brisé dans le combat.

— Tu as aimé les plaisirs du monde, les joies de la richesse, le sourire des femmes, pourquoi y as-tu renoncé?

— Parce que j'aurais été leur esclave.

— Tu as parcouru la terre en mendiant ton pain, tu as traversé la mer, tu as adoré, tu as frappé ta poitrine au tombeau du Christ, pourquoi as-tu perdu la sainte ferveur du pèlerin, l'humilité de la foi?

— Parce que la foi s'est retirée du cœur des hommes, et que les armées ne marchent plus à la voix du pèlerin. J'aurais jadis montré à l'Europe le chemin de l'Asie, j'aurais poussé l'Occident sur l'Orient; mais ce tombeau n'est plus qu'une ruine, et le sang des nations coule ailleurs que dans ces lieux déserts, et s'épuise pour d'autres conquêtes. J'aurais peut-être rêvé un nouveau monde, et je me serais élancé sur les flots à sa recherche [9]; mais Christophe Colomb est venu avant moi. J'aurais peut-être ébranlé sur son trône l'évêque de Rome; mais Luther m'a précédé.

— Pourquoi songes-tu à de telles choses? pourquoi te rappelles-tu ces grandes destinées?

— Parce que l'esprit qui m'anime me destine à régner. Je ne

puis mettre sur mon front la couronne des rois; la couronne du martyre est foulée aux pieds. Les grandes choses qui doivent renouveler le monde ont été faites par d'autres. J'arrêterai le mouvement qui l'emporte vers l'avenir, et je régnerai sur les âmes.

— Le règne du Christ est accompli.

— Le mien s'accomplira comme le sien.

— Il est la lumière qui guide les peuples vers le ciel.

— Je serai l'esprit de ténèbres qui les poussera dans l'abîme.

— Il a enseigné à la terre la charité.

— Je lui enseignerai l'égoïsme.

— Il lui a révélé la vérité éternelle.

— Je lui révélerai l'erreur et le sophisme.

— Il a ouvert le royaume des cieux à ceux qui écouteront sa parole.

— Il a dit: Mon royaume n'est pas de ce monde. Je partagerai avec lui le cœur de l'homme.

— Il lui a donné l'horreur du vol.

— J'excuserai le vol.

— Il lui a inspiré l'effroi du meurtre.

— Je ferai du meurtre un devoir légitime.

— Il a prêché l'amour du prochain.

— Je prêcherai l'amour de soi-même. Esprit mystérieux qui me parles, d'où viens-tu, que me veux-tu? Le Christ a racheté l'homme de la mort; mais il lui a laissé les passions qui le sollicitent, les vices qui le flattent, l'ambition qui le ronge, la soif qui s'allume à l'aspect de l'or, la chair qui frissonne au toucher de la chair. Mon corps est né d'hier, mais ma pensée est aussi vieille que l'humanité, mon pouvoir remonte au berceau du monde. Je suis la trahison et le parjure, le mensonge et la délation, l'orgueil, l'avarice et l'adultère. Je suis le serpent qui a tenté la première femme et qui tentera la dernière; je suis le prêtre imposteur qui faisait parler l'oracle; je suis la bassesse qui conseille les rois, la luxure qui brûle le sang des riches, la faim qui arme le bras du pauvre; je suis le sophiste de la Grèce et de Rome, et le casuiste qui chicane avec Dieu, et comme Jésus j'ai écrit mon Évangile, et comme lui j'aurai des apôtres et des disciples qui l'enseigneront. Les cieux lui appartiennent : la terre est à moi.

La voix se tut, et lorsqu'elle remonta vers le ciel sur les ailes du vent, il sembla au maudit qu'un grand vide se faisait en lui, que son âme le quittait, et qu'il restait sur la terre comme un corps glacé, comme un marbre pensant.

CHAPITRE PREMIER.

IGNACE DE LOYOLA

Ignace de Loyola, issu d'une famille noble, naquit au château de Loyola, en 1491, dans la province de Guipuzcoa en Espagne. On pense bien que les historiens de la société de Jésus n'ont pas manqué d'accompagner cette naissance de miracles. Ses parents, raconte un de ces historiens, conférant entre eux quel nom ils lui donneraient, cet enfant, qui ne venait que de naître, ouvrit la bouche et prononça d'une voix claire et distincte : « Ignace de Loyola est mon nom. » C'était passablement merveilleux de la part d'un nouveau-né ; mais voici bien un autre prodige. Le marmot ajouta : « Faites-en l'anagramme, et vous y trouverez : *O ignis a Deo illectus.* — O feu attiré par Dieu. » Ses parents firent l'anagramme, et l'ayant trouvée juste, ils appelèrent leur fils Ignace de Loyola. Après quoi on l'emmaillotta et on lui donna à teter.

Le même auteur rapporte sérieusement que la société de Jésus est l'ouvrage de Dieu.

« Plusieurs siècles avant sa naissance, dit-il, l'abbé Joachim l'avait vue en esprit, et avait déclaré, pour la consolation des fidèles, qu'il paraîtrait vers la fin des siècles, au sixième âge du monde, un ordre d'hommes apostoliques, qui, consacrés à Jésus-Christ, dont ils porteraient le nom, dévoués d'une manière spéciale au saint-siége, distingués par leur érudition, combattraient, par la vertu de leurs paroles et l'efficace de leurs actions, les faux docteurs, et confondraient tous les novateurs par la profondeur de leur doctrine et la solidité de leur raisonnement. »

Il faut avouer que si les fidèles avaient besoin d'être consolés vers la fin des siècles, au sixième âge du monde, ils devaient attendre mieux que la société de Jésus.

Les premières années d'Ignace de Loyola se passèrent à la cour de Ferdinand et d'Isabelle. Dès que son âge le lui permit, il entra au service. Rien n'annonça la destinée extraordinaire qui l'attendait ; rien d'abord ne révéla en lui le penseur profond qui créa une Église dans l'Église, asservit les rois, domina la papauté qui les dominait, et qui, comptant un à un tous les mauvais instincts de la nature humaine comme un chef d'armée dénombre ses soldats, les réunit en un corps de doctrines, et présenta la formule de tous les sophismes. Fier, brave et ignorant comme un hidalgo, sachant tout juste lire et à peine écrire, poëte, dit-on, par instinct, sa jeunesse s'écoula dans l'oisiveté et dans la galanterie. Il avait vingt-neuf ans lorsqu'enfin l'occasion de signaler son courage s'offrit à lui. Il se distingua à la prise de Najare, et bientôt après à Pampelune, qu'assiégeaient les Français. Animée par son exemple, la garnison fit des prodiges de valeur, et aurait peut-être repoussé les assiégeants, si Ignace ne fût tombé sur la brèche, la jambe droite fracassée par un boulet de canon. On le porta presque mourant au château de Loyola.

De quels hasards dépendent souvent les choses humaines ! Combien de faits, sans rapport et sans liaison en apparence, séparent souvent la conséquence de sa cause première ! Si dans le fond d'un cloître, un moine bénédictin du quatorzième siècle, l'Allemand Schwartz, n'eût pas inventé la poudre à canon, le jésuitisme peut-être ne fût pas né. La flèche lancée contre le capitaine de Pampelune se serait peut-être égarée dans son vol ; l'éclat de pierre dirigée contre lui, l'épée levée sur sa tête, se seraient émoussés sur son armure : il aurait continué sa vie aventureuse de soldat ; et parce qu'un moine rêveur a imaginé le moyen de tuer les hommes à distance, un morceau de fer frappant au hasard fait d'un guerrier un pèlerin, du pèlerin un des maîtres du monde !

Il guérit de ses blessures. Mais le chirurgien maladroit qui le soigna ne sut pas rejoindre les os fracturés ; il laissa exister une forte proéminence à la jambe. Cette difformité déplaisait à Ignace, qui tenait aux avantages de sa personne et qui n'avait pas encore renoncé à la vie mondaine. Méprisant la souffrance physique, plus fort qu'elle, il fit scier cet os, sans laisser échapper une plainte pendant tout le temps que dura l'opération. Obligé de garder le lit, il chercha à se distraire par la lecture, et demanda qu'on lui apportât des livres. Le choix qu'il fit indique qu'elle était, à cette époque, la tournure de son esprit, et sur quel sujet se portaient habituellement ses pensées ; il pria qu'on lui donnât des romans. Mais les possesseurs du château de Loyola étaient de graves Espagnols dévots et austères, qui avaient une sainte horreur pour les frivolités du siècle. Toute la bibliothèque du vieux manoir se composait de la Légende des Saints et de la Vie de Jésus-Christ.

Faute de mieux, Ignace ouvrit ces vénérables bouquins, regrettant sans doute le récit des aventures amoureuses qui devait lui faire prendre le temps et son mal en patience. Mais contre son attente, cette lecture l'attacha. Au défaut de passions, d'intrigues galantes qui auraient fait battre son cœur, ces pieux romans de la Vie des Saints enflammèrent son imagination. Sortant d'une fièvre violente, épuisé par le jeûne, il était dans une situation d'esprit où tout ce qui était merveilleux et poétique devait le toucher vivement. Il fallait un aliment à cette âme poétique et ardente qui jusque-là s'était ignorée elle-même, qui s'était dépensée follement au hasard, dans une fausse activité, et qui, condamnée au repos, retombait sur elle-même et s'indignait de son inaction.

L'heure solennelle, l'heure marquée à l'avance dans sa destinée venait de sonner pour Ignace de Loyola. Le vieil homme se transformait; il s'était couché soldat au service du roi d'Espagne, il allait se relever soldat au service de la vierge Marie.

Le lieu aussi était propre à faire naître et à entretenir ces idées nouvelles. Pendant le jour il dévorait ces livres; il admirait le courage et la résignation des saints martyrs; il s'exaltait au récit des austérités des solitaires; et lorsque la nuit était venue, lorsque le vent ébranlait les tours de l'antique château, lorsque seul dans une chambre obscure, il entendait les oiseaux de nuit chanter sur les arbres et sur les murailles leurs funèbres cantiques; lorsque la pluie fouettait contre les vitres, ou que, glissant entre deux nuages, un pâle rayon de la lune pénétrait par l'étroite et longue fenêtre et tombait sur sa couche, il avait des visions qui le transportaient dans les déserts, au pied de la croix où pleurait Madeleine.

Il croyait alors, il était sincère.

Une nuit, il se leva, et fut se prosterner devant une image de la Vierge. Pendant qu'il frappait sa poitrine, qu'il courbait son front dans la poussière, il lui sembla que la sainte image lui reprochait son long repos, et lui ordonnait de commencer une vie nouvelle. Ignace fit le serment de se consacrer au service de la mère de Dieu.

« Alors, dit un de ses historiens, toute la chambre trembla, les vitres des fenêtres furent fracassées, signe évident que le diable le quittait et lui avait dit adieu pour toujours. Ensuite la Vierge lui apparut tenant son fils dans son giron. »

Sa guérison aurait pu être longue, si elle eût dépendu du médecin qui d'abord l'avait estropié; mais la Vierge s'en mêla nécessairement. Au bout de quelques jours il se trouva frais et dispos. Il sortit du château, sans mettre personne dans la confidence de ses projets, et se rendit à l'abbaye de Notre-Dame-de-Mont-Serrat, en Catalogne, à une journée de Barcelone. L'abbaye était célèbre à cause d'une image miraculeuse de Marie qui y attirait une foule considérable de pèlerins.

La première aventure qui lui arriva figurerait à merveille dans l'histoire de don Quichotte qui avait été converti à la vie chevaleresque par la lecture des vieux romans, comme lui-même avait été converti à la vie religieuse par les légendes de saint Dominique et de saint François. Il s'en allait cheminant sur sa mule, lorsqu'il fit la rencontre d'un Maure avec lequel il lia conversation. A l'exemple des premiers chevaliers, Ignace ne savait parler que de la dame objet de ses pensées. En homme bien élevé et accommodant, le Maure le laissa d'abord discourir tout à son aise, ne le contredisant sur rien, et se contentant de penser que Mahomet était le seul prophète qui eût enseigné aux hommes la vérité éternelle. Mais à force de causer, on en vint à toucher un point délicat, la virginité de Marie. Le compagnon de route d'Ignace, en sa qualité de musulman, n'était pas tenu de comprendre les mystères d'une autre religion que la sienne. Une discussion s'engagea, vive, animée; le Maure cependant, pour éviter une querelle, y mettait toute la bonne volonté dont il était capable; il offrait de partager la difficulté, et consentait par amour de la paix, à croire que la Vierge avait été vierge jusqu'à son enfantement; mais il lui était impossible d'accorder plus, et il niait qu'elle l'eût été après. C'était fort raisonnable et très-conciliant de la part d'un enfant du prophète. Tout autre qu'Ignace peut-être s'en serait contenté : lui n'accepta pas la transaction. « Considérant, dit Orlandini [10], de qui il était chevalier, il devint si enragé, qu'il se crut absolument obligé de venger sur le Maure l'affront qu'il avait fait à sa maîtresse. »

pendant qu'il délibérait sur le châtiment qu'il devait lui infliger, le Maure s'esquiva et changea de route. Ignace, un peu calmé, remit l'affaire au jugement de sa mule. Deux chemins s'ouvraient devant lui. Abandonnant la bride sur le cou de sa monture, il la

laissa choisir celui des deux qui lui convenait le mieux, faisant serment d'assommer le mécréant si, au bout du carrefour, il le rencontrait. La bête, qui certainement avait deviné la pensée de son maître, voulut lui épargner un meurtre, et prit la route opposée à celle qu'avait suivie le Maure. C'est ainsi que souvent l'illustre Rossinante montra plus de bon sens que le vaillant chevalier.

Tels furent les commencements du jésuitisme : un compromis, une capitulation avec la conscience. La mule ici est le casuiste qui se charge de distinguer, de diviser, de tourner la question.

Ignace arriva au monastère du mont-Serrat. De quelle manière allait-il accomplir son vœu? Allait-il le prononcer humblement ou avec ostentation? La tête encore toute remplie de ses lectures, il se rappela que les chevaliers, qu'il avait failli imiter en route, avaient coutume, lorsqu'ils se consacraient au service d'une dame, de faire en son honneur la veille des armes. Il résolut de suivre un exemple si beau et si bien approprié à la circonstance. Les armes, seulement, n'étaient pas de même nature. Il suspendit son épée et sa baïonnette devant l'autel de la Vierge, et endossa son nouvel habillement; il revêtit une longue robe de gros drap, se ceignit les reins d'une grosse corde, à laquelle il attacha une bouteille; un bâton remplaça sa lance; il chaussa un de ses pieds dans un soulier d'osier, et laissa l'autre nu. Dans cet accoutrement, il veilla toute la nuit, tantôt debout, tantôt agenouillé.

La peste régnait à Barcelonne, le port était fermé : en attendant qu'il pût y trouver un bâtiment pour le conduire à la terre sainte, Ignace se rendit à Manrèze, petite ville située à trois lieues de Mont-Serrat, dans laquelle étaient un monastère de l'ordre de Saint-Dominique et l'hôpital de Sainte-Luce, où l'on recevait les pèlerins et les malades. Ce fut là qu'il se réfugia, vivant du pain qu'il mendiait de porte en porte, laissant croître ses ongles, sa barbe, et ses cheveux qu'il ne peignait jamais, couvert de crasse et la figure horrible à voir, dit Baillet. Il jeûnait toute la semaine au pain et à l'eau, et ne mangeait que le dimanche un peu d'herbes cuites, dans lesquelles il délayait de la cendre. Il priait sept heures par jour, se donnait trois fois la discipline, et quand il allait en pèlerinage à l'église de Notre-Dame-de-Villadordis, il ajoutait à son cilice et à sa chaîne de fer une ceinture d'orties et de chardons.

Cette vie lui sembla encore trop douce et trop voluptueuse. Il découvrit au pied d'une montagne, à six cents pas de la ville, une caverne fermée par des broussailles. Pour un homme habitué aux piqûres des chardons, ce n'était rien de déchirer ses mains aux épines : Ignace se fraya un chemin à travers les ronces, et prit possession de la caverne. Il redoubla si bien ses jeûnes, ses prières et ses flagellations, qu'il faillit en mourir. Il eut une extase qui dura huit jours. On s'apprêtait à le mettre en terre, lorsqu'on s'aperçut qu'il respirait encore. Pendant qu'on le croyait trépassé, Ignace s'entretenait en esprit avec Jésus-Christ, qui lui dévoilait le plan de la société. La conversation finie, et ses instructions reçues, Ignace ressuscita au grand étonnement de l'assistance.

Pendant cet entretien miraculeux, son interlocuteur lui donna de bons conseils, entre autres celui de réformer sa toilette, de se peigner, de se faire la barbe, de se laver, et de porter un habit moins dégoûtant, s'il voulait ne pas soulever le cœur de ceux qu'il cherchait à convaincre. L'avis lui parut bon : il prit un habillement de gros drap, propre et modeste, et monté sur une pierre qu'on montra pendant longtemps à l'hôpital de Sainte-Luce, il se mit à prêcher publiquement, et opéra quelques conversions.

Ce fut à Manrèze, dit-on, qu'il composa son livre des *Exercices spirituels*. Ses historiens et ses biographes ne sont pas tous d'accord sur ce point, peu important par lui-même, mais qui soulève une question intéressante. Ce qu'il aurait fallu établir d'une manière certaine et incontestable, c'est qu'Ignace, à cette époque dépourvu de toute instruction, ait pu composer un livre. Quelques-uns de ses panégyristes ont prétendu trancher la difficulté en disant qu'il eut pour collaborateur la sainte Vierge, par l'intermédiaire de l'archange Gabriel. Mais l'explication, même au temps où elle fut donnée, ne parut pas satisfaisante ; et cent ans plus tard, Ignace fut publiquement accusé d'avoir volé les *Exercices spirituels*. Voici comment la chose se passa.

L'accusateur était un bénédictin qui s'appelait Constantin Caëtan. Il raconta que le véritable auteur des *Exercices* était un autre bénédictin nommé Garcias Cisneros, et de plus, que trois moines du Mont-Cassin avaient donné à Ignace le livre des *Constitutions*. L'accusation fit grand bruit, et Caëtan fut condamné comme diffamateur par la cour de Rome, qui du reste ne pouvait prendre un autre parti sans compromettre le dogme de l'infaillibilité du pape : car Paul III, en donnant l'approbation du livre, avait formellement reconnu qu'Ignace n'était pas un plagiaire. Cependant, comme la calomnie laisse toujours une trace après elle, comme il pouvait rester quelques soupçons dans certains esprits, Innocent X voulut mettre la chose hors de doute, et fit insérer dans le bréviaire romain le témoignage précis qu'Ignace était bien l'auteur des *Exercices*. Alexandre VII confirma cette déclaration dans un bref du 12 octobre 1667, et accorda indulgence plénière à tous ceux qui les pratiqueraient.

Au bout de dix mois de séjour à Manrèze, Ignace, reprenant son projet de partir pour la terre sainte, se rend à Barcelone, où la peste avait cessé. En cinq jours, il arrive à Gaëte, il va recevoir à Rome la bénédiction du pape Adrien VI, la veille du dimanche des Rameaux, 1523, et revient à Venise huit jours après Pâques. Sans argent et sans crédit, il dut prendre le parti de coucher à la belle étoile, sous un portique de la place Saint-Marc. Mais, pendant qu'il était étendu sur la pierre, attendant le retour du soleil, Dieu fit un miracle pour lui procurer un lit et un souper.

Il y avait à Venise un sénateur, nommé Marc-Antoine Trévisani, qui dormait d'ordinaire comme dorment les gens qui se portent bien et qui ont la conscience en repos. Cette nuit-là, Trévisani, contre son habitude, fut tourmenté et agité, ce qui lui paraissait fort étrange. Enfin, il ferma les yeux et eut un songe, et dans ce songe, il entendit une voix qui lui disait que, tandis qu'il était couché moelleusement, le serviteur de Dieu grelottait sous ses fenêtres. Trévisani se leva, et ayant trouvé Ignace, il le fit entrer dans son palais. Le lendemain, il procura à son hôte une audience du doge André Gritti, dont la protection valut à Loyola une place sur la capitane de la république, qui partait pour l'île de Chypre. Après quarante-huit jours de traversée, Ignace aborda, le 31 août, au port de Jaffa, et prit le chemin de Jérusalem, où il entra le 4 septembre.

Ici, un autre homme se révèle. Jusqu'à présent nous avons vu un esprit égaré par ses visions, un fou qui s'impose des pénitences exagérées, un convulsionnaire qui martyrise son corps. Que va-t-il faire au saint sépulcre? vivre dans ces solitudes, prier, adorer, convertir les infidèles? C'était d'abord son dessein. Mais le provincial des religieux de Saint-François, usant du pouvoir qu'il tenait du saint-siége, de garder ou de renvoyer les pèlerins, ne le lui permit pas. Ignace interroge ces lieux déserts, ces pierres sans voix et sans écho; l'extase chez lui fait place à la réflexion, l'enthousiasme au calcul : l'illuminé disparaît, la politique vient de naître.

A la fin de janvier 1524, il revient à Venise. Convaincu que son ignorance était un obstacle à l'accomplissement de ses nouveaux projets, il prend, avec une force de volonté dont nul autre n'aurait été capable, la résolution d'étudier, et il part pour Barcelone. En route, son mince équipage le fait passer pour un espion, et ce n'est qu'avec peine qu'il échappe au danger d'être pendu. A trente-trois ans, il commence à apprendre les éléments de la grammaire latine dans une classe d'enfants, dirigée par Jérôme Ardebale. Au bout de deux années de thèmes et de versions, son maître lui conseille d'aller étudier la philosophie à l'université d'Alcala, fondée depuis peu, par le cardinal Ximénès. Il partit, accompagné de trois disciples qu'il avait endoctrinés pendant son séjour à Barcelone. Il en enrôla un quatrième à Alcala, et tous cinq, vivant d'aumônes, s'habillèrent de la même façon, portant un habit long de drap gris, et un chapeau de la même façon.

Les professeurs qui le dirigeaient lui firent lire un livre d'Erasme[11] (*Enchiridion militis christiani*), écrit avec la pureté et l'élégance qui distinguent le philosophe de Rotterdam. Mais, quoique cet ouvrage contînt les préceptes les plus sages, les règles de la véritable morale chrétienne, il ne plut pas à Ignace, qui trouva, au rapport de Ribadeneira[12], que cette lecture éteignait en lui le feu divin. Il rejeta le livre, et son aversion fut telle que, plus tard, il mit Erasme à l'index dans la congrégation.

Cependant Ignace faisait peu de progrès. Il ne comprenait rien à la logique de Soto, à la physique d'Albert le Grand, à la théologie de Pierre Lombard, surnommé le maître des sentences. Ces trois leçons, prises successivement tous les jours, ne servirent qu'à lui embrouiller l'esprit. Laissant de côté toutes ces rêveries et ces subtilités scolastiques, il s'appliqua, de concert avec ses quatre disciples, à soigner les malades et à réformer les mœurs des écoliers. Il commença par un prélat qui se divertissait à les corrompre et qui prenait avec eux d'étranges libertés. Cette conversion eut du retentissement et attira à Ignace des persécuteurs. Peu s'en fallut que le jésuitisme ne fût étouffé au berceau. Accusé de magie par les uns, pris par les autres pour un illuminé, il fut recherché par l'inquisition, et mis en prison. Avant d'en venir là, on avait fait des enquêtes sur sa vie et sur sa doctrine, et on s'était borné à lui enjoindre de se chausser et de ne pas faire porter à ses compagnons un habit d'uniforme. Mais quand on sut qu'une veuve, accompagné de sa fille, avait entrepris un pèlerinage à pied et en mendiant, on cria contre Ignace qui était leur directeur. Ce fut alors qu'on le fit emprisonner.

La captivité augmenta plutôt qu'elle ne diminua l'influence qu'il exerçait déjà, particulièrement sur le beau sexe. On continua de s'attrouper autour de lui dans sa prison pour l'entendre discourir, et il y eut des personnes de qualité, hommes et femmes, et, entre autres, Thérèse de Cardenas et Eléonor Mascaréna, depuis gouvernante de Philippe II, qui lui offrirent leurs bons offices. Interrogé s'il avait conseillé le pèlerinage de la veuve et de sa fille, Ignace répondit qu'il avait donné le conseil contraire, craignant que la beauté de la jeune fille ne l'exposât à quelque fâcheuse aventure. Ses protecteurs, sans doute, étaient actifs et puissants, car, au bout de quarante-deux jours, le 1er juin 1527, l'inquisition lâcha sa proie : il fut remis en liberté, sous la condition que ses compagnons et lui prendraient l'habillement ordinaire des écoliers et s'abstiendraient de dogmatiser jusqu'à ce qu'ils eussent étudié la théologie pendant quatre ans.

Il promit, mais ne tint pas parole. Mécontent du jugement du grand vicaire d'Alcala, il alla trouver l'archevêque de Tolède, et, sur ses exhortations, se rendit à Salamanque, où, ayant recommencé ses prédications, il fut de nouveau emprisonné. La sentence qui le renvoya absous lui permettait d'instruire le peuple, mais lui défendait de marquer, dans ses entretiens et ses exercices, la différence qui existe entre le péché mortel et le péché véniel, restriction à l'aide de laquelle on lui aurait sans cesse cherché chicane. Bien et dûment averti que l'air du pays n'était pas bon pour lui, il se rendit seul en France.

Arrivé à Paris, au commencement de février 1528, il se logea au quartier de l'Université avec des écoliers espagnols; mais un de ses compagnons lui vola l'argent qu'il avait apporté, et il fut obligé de se retirer à Saint-Jacques-de-l'Hôpital.

Possédé de la manie de prêcher et de catéchiser, il endoctrina trois de ses compatriotes qui vendirent leurs meubles, en distribuèrent l'argent aux pauvres, et se retirèrent avec lui à l'hôpital.

Rien ne fait mieux comprendre la puissance énorme de la société de Jésus, qui sortit tout armée du cerveau de Loyola, que l'influence irrésistible qu'il exerçait dans une position misérable, sur l'esprit de tous ceux qui l'écoutaient. On n'a jamais poussé plus loin le génie du prosélytisme. Errant sur les grands chemins, rejeté sans cesse, nu et sans pain sur le pavé, il parle, et on s'assemble autour de lui ; on disperse sa milice, il en réforme une nouvelle, jusqu'au jour où il plantera son drapeau triomphant au siége même de la chrétienté.

Cette nouvelle société parut suspecte et fut dénoncée à Matthieu Ory, religieux de l'ordre de Saint-Dominique, prieur du grand couvent de la rue Saint-Jacques, inquisiteur de la foi, délégué par le pape Clément VII. Matthieu Ory le renvoya absous.

Après dix-huit mois d'études à Montaigu, Ignace parvint à entrer à Sainte-Barbe, et y fit son cours de philosophie. Le principal du collége était un docteur espagnol, nommé Govéa ; prévenu contre Ignace par les rapports du professeur Pegna, il voulut le chasser ; mais il était dans la destinée d'Ignace d'être toujours soupçonné et de triompher de tous les soupçons [13].

La plupart de ses biographes rapportent qu'il fut sur le point de recevoir, à Sainte-Barbe, la punition que les jésuites infligèrent, par la suite, si libéralement à leurs élèves. Il avait alors trente-sept ans. C'eût été un bel exemple de la vertu d'obéissance. Voici comment le fait est raconté dans l'*Apologie pour la réformation*, par Jurieu.

« Il se mit en sixième pour y apprendre une seconde fois la grammaire, et pria son régent de lui régler ses leçons et de lui donner le fouet comme aux autres écoliers quand il manquerait à les apprendre. C'était un fort plaisant spectacle de voir trousser la chemise de ce vénérable saint, au milieu d'une troupe de petits garçons, spectateurs de la comédie. »

Jurieu tient le fait pour certain, mais Ribadeneira affirme, au contraire, que, bien loin que le principal du collége lui fît subir ce châtiment humiliant, quand il entendit Ignace le prier de lui donner le fouet, il se jeta à ses genoux.

Au milieu de ces épreuves diverses, Ignace poursuivait son projet, celui de poser les fondements de la société et de s'adjoindre des disciples. On lui avait donné pour répétiteurs Pierre le Fèvre et François Xavier, tous deux du même collége. Ses maîtres devinrent bientôt ses élèves.

Pierre le Fèvre était né en Savoie en 1506 ; François Xavier, gentilhomme navarrais, avait le même âge. Tous deux étaient instruits. Le premier, d'un caractère doux et porté à la piété, le second, plein d'ambition, aimant la louange et la gloire. Chacun d'eux fut pris par son faible. Jacques Laynez de la ville d'Almazan, Alphonse Salmeron, de Tolède, et Rodriguez d'Azévédo, s'offrirent à lui.

Il fallait qu'un lien indestructible resserrât et maintînt la société naissante. Quelque dévouement à sa personne et à ses idées qu'il leur eût inspiré, Ignace, inférieur à chacun d'eux par la science acquise, mais supérieur à tous par la connaissance du cœur humain, comprit qu'il devait les attacher à Dieu plutôt qu'à un homme. C'est à Dieu que, sur la montagne de Montmartre, ils promettent de se consacrer. Salmeron, Xavier et Laynez avaient des intérêts à régler en Espagne : Ignace se charge du soin de terminer leurs affaires domestiques.

De retour dans sa patrie, il revoit sans éprouver un moment de trouble et d'hésitation, sans que sa pensée se reporte avec regret vers les jours et les lieux de sa jeunesse, il revoit le château de ses pères, ses frères, ses parents, ses anciens amis; il vend ses propriétés et les convertit en aumônes. Choisissant pour demeure l'asile des pauvres d'Azpétia, il y prêche la repentance et s'élève

contre le concubinage des prêtres, désordre qui était devenu général et avoué : car, disent leurs historiens, leurs servantes portaient publiquement la coiffure des femmes mariées, et en usaient avec eux comme s'ils eussent été maris légitimes.

Pendant son absence, Pierre le Fèvre gouvernait la société, et lui adjoignit trois nouveaux membres, Claude Lejay, du diocèse de Genève, Jean Codure, de la ville d'Embrun, et Pasquier-Brouet, de Bretencourt en Picardie. En janvier 1537, Ignace arriva à Venise, et se réunit à ses compagnons.

Ce fut à Venise qu'il retrouva le cardinal Jean-Pierre Caraffa, archevêque de Théate, depuis pape, sous le nom de Paul IV, qui, de concert avec quelques âmes dévotes, avait fondé depuis peu la congrégation des théatins. Ignace avait refusé d'entrer dans cet ordre. Le cardinal étant à Rome, il craignit son ressentiment, et se dispensa de suivre ses compagnons allant demander à Paul III de bénir leur passage en terre sainte et leurs travaux apostoliques. Par l'entremise de Pierre Ortiz, ambassadeur de Charles V auprès du saint-siége, ils obtinrent ce qu'ils demandaient, c'est-à-dire la faculté de recevoir les ordres sacrés des mains de tout évêque, et le 24 juin, l'évêque d'Arbe les ordonna prêtres à Venise.

Mais le passage en terre sainte était fermé, à cause de la guerre avec les Turcs. Le pèlerinage au saint sépulcre était leur premier vœu; les événements les en dégageaient. L'année 1538 fut employée à des prédications à Vicence, Montsalice, Trévise, Bassano et Vérone. Sans doute la foi de ses disciples n'était point chancelante; il les tenait, soumis et dévoués, sous sa main puissante; mais il fallait frapper les regards et l'esprit de la multitude. Pour répondre victorieusement aux soupçons jaloux dont il était l'objet, il fallait un miracle, et le miracle eut lieu. Il se rendit à Rome avec le Fèvre et Laynez. A deux lieues de la ville, à Storta, il entre dans une chapelle et tombe en extase. Une vision lui montre le Père éternel, qui le présente à Jésus-Christ, chargé de sa croix; et Jésus, acceptant ses services et ceux de ses disciples, lui dit avec un sourire : « Je vous serai propice à Rome. » Au mois d'octobre 1538, Ignace, le Fèvre et Laynez franchissent les portes de Rome. Encore quelques instants, encore quelques nouvelles épreuves, la pensée de Loyola va triompher, le rêve de ses nuits et de ses jours va prendre une forme et un corps.

Le catholicisme renfermait dans son propre sein des germes de dissolution et de mort, aussi redoutables que l'hérésie ; Paul III vit le danger et voulut le conjurer. En 1538, il nomma une congrégation, composée de quatre cardinaux et de cinq prélats et abbés. Les cardinaux étaient Contarini, Sadolet, Caraffa et Polus ; les cinq autres membres, choisis aussi parmi les plus doctes et les plus renommés par leur piété, étaient : Frégosi, archevêque de Salerne ; Jérôme-Alexandre, archevêque de Brindes ; Gibert, évêque de Vérone : Cortési, abbé de Saint-George de Venise, et Thomas Badia, dominicain et maître du sacré palais. De tels juges ne sont pas suspects de partialité, et l'évidence les force à prononcer les paroles suivantes, recueillies dans les archives du Vatican :

« Un autre abus à corriger se présente dans les ordres religieux, parce qu'ils sont tellement corrompus, qu'ils deviennent un grave scandale pour les séculiers et qu'ils nuisent beaucoup par leur exemple. Nous croyons qu'il est urgent de les abolir tous, sans cependant faire injure à qui que ce soit, mais en leur interdisant de recevoir des novices. De cette manière, ils seront bientôt éteints sans porter préjudice à personne, et on pourra leur substituer de bons religieux. Quant à présent, nous croyons que le mieux serait de renvoyer de tous les monastères les jeunes gens qui n'ont pas encore fait profession.

« Un autre abus trouble le peuple chrétien par les religieuses qui sont sous la direction des frères conventuels. Dans la plupart des monastères de femmes se commettent des sacriléges publics, au grand scandale des citoyens. Que Votre Sainteté ôte donc aux conventuels toute autorité sur les religieuses, et qu'elle donne aux évêques, ou à d'autres, la direction de ces couvents. »

Ce fut dans ces circonstances qu'Ignace se présenta et offrit son secours au saint-siége. Toujours habile à cacher sa pensée et son but, il soumet à ses disciples le projet d'ériger leur société en religion ; il les fait prier en commun et séparément, et tous ils déclarent que c'est la volonté de Dieu. Ils adoptent, comme une révélation d'en haut, l'idée à laquelle il les avait préparés depuis longtemps, et que chacun d'eux, à son insu, avait adoptée. Mais le pape assistait, à Nice, à l'entrevue de Charles V et de François Ier ;

il fallut attendre et se contenter de prêcher avec l'autorisation du légat Vincent Caraffa.

Un moine, nommé Augustin de Piémont, partisan secret des doctrines de Luther, sous prétexte de s'élever contre les mœurs corrompues du clergé, prêchait l'hérésie, et le peuple recueillait ses paroles. Ignace et ses disciples l'attaquent en chaire. Le moine répond par des accusations. Quatre Espagnols offrent d'apporter la preuve qu'Ignace avait été, comme hérétique et sorcier, brûlé en effigie à Alcala, à Paris et à Venise. Le procès est porté devant Beneditto Conversini, évêque de Bertinoro et gouverneur de Rome.

Malgré la sentence d'absolution, Ignace avait perdu son influence sur l'esprit du peuple. Une calamité publique, dont il sut tirer parti, la lui rendit. L'hiver rigoureux de 1539 amena à Rome une affreuse disette. Les pauvres expiraient de froid et de faim dans les rues. Ignace et ses compagnons leur donnent pour asile la maison qu'on avait ouverte à leur misère; ils sollicitent la pitié des riches, et arrachent quatre mille malheureux à une mort certaine. Aujourd'hui, comme autrefois, les jésuites savent faire de la charité et du dévouement une excellente spéculation. En 1539, ils donnaient du pain aux pauvres pour se réhabiliter dans l'esprit du peuple. Dans ces dernières années, détestés à Rome par le pape, par les cardinaux, par les riches ils ont raffermi leur domination en portant secours à ceux qui étaient attaqués du choléra. C'est un fait certain, qu'au siége même de leur puissance, ils n'ont d'appui que dans le bas peuple. Tout ce qui est éclairé partage sur leur compte le sentiment de ce grand seigneur romain, qui disait :

« Mon fils était naturellement menteur, mais depuis qu'il a été élevé par les révérends pères, il n'y a pas à craindre qu'il dise jamais un mot de vérité. »

Le cardinal Gaspard Contarini mit sous les yeux de Paul III le projet des constitutions, et le pape, après les avoir lues, s'écria : « Le doigt de Dieu est là ! »

Enfin, le 22 septembre 1540, la compagnie de Jésus fut instituée par la bulle à jamais mémorable : *Regimini militantis Ecclesiæ*. Elle a trop d'importance, comme pièce historique, pour que nous ne la rapportions pas ici :

« PAUL, ÉVÊQUE, SERVITEUR DES SERVITEURS DE DIEU,

POUR LA MÉMOIRE PERPÉTUELLE.

« Préposé, malgré notre indignité, par la disposition du Seigneur, au gouvernement de l'Église militante, et pénétré pour le salut des âmes de tout le zèle que nous commande la charge du pasteur, nous environnons de toute la faveur apostolique les fidèles quels qu'ils soient qui nous exposent là-dessus leurs désirs, nous réservant d'en ordonner ensuite, selon qu'un mûr examen des temps et des lieux nous le fait juger utile et salutaire dans le Seigneur.

« Ainsi venons-nous d'apprendre que nos chers fils Ignace de

Loyola, Pierre le Fèvre, Jacques Laynez, Claude Lejay, Pasquier-Brouet, François Xavier, Alphonse Salmeron, Simon Rodriguez, Jean Codure et Nicolas de Bobadilla, tous prêtres des villes et diocèses de Pampelune, Genève, Siguenza, Tolède, Viseu, Embrun, Placentia; tous maîtres ès arts, gradués dans l'université de Paris et exercés pendant plusieurs années dans les études théologiques : nous avons appris (disons-nous) que ces hommes, poussés, comme on le croit pieusement, par le souffle de l'Esprit-Saint, se sont rassemblés de différentes contrées du monde, et, après avoir renoncé aux plaisirs du siècle, ont consacré pour toujours leur vie au service de Notre-Seigneur Jésus-Christ, de nous et des autres pontifes romains nos successeurs. Ils ont déjà travaillé d'une manière louable dans la vigne du Seigneur, prêchant publiquement la parole de Dieu, après en avoir obtenu la permission requise, exhortant les fidèles en particulier à mener une vie sainte et méritoire du bonheur éternel, et les engageant à faire de pieuses méditations; servant dans les hôpitaux, instruisant les enfants et les simples des choses nécessaires à une éducation chrétienne; en un mot, exerçant avec une ardeur digne de toutes sortes d'éloges, dans tous les pays qu'ils ont parcourus, tous les offices de la charité et toutes les fonctions propres à la consolation des âmes.

« Enfin, après s'être rendus en cette illustre ville, persistant toujours dans le lien de la charité, afin de cimenter et de conserver l'union de leur société en Jésus-Christ, ils ont arrêté un plan de vie conforme aux conseils évangéliques, aux décisions canoniques des Pères, selon ce que leur expérience leur a appris être plus utile à la fin qu'ils se sont proposée. Or, ce genre de vie, exprimé dans la formule dont nous avons parlé, a non-seulement mérité les éloges d'hommes sages et remplis de zèle pour l'honneur de Dieu, mais il a tellement plu à quelques-uns d'entre eux qu'ils ont pris la résolution de l'embrasser.

« Or, voici ce genre de vie telle qu'elle a été conçue :

« Quiconque voudra, sous l'étendard de la croix, porter les armes pour Dieu, et servir le seul Seigneur et pontife romain, son vicaire sur la terre, dans notre société que nous désirons être appelée la Compagnie de Jésus, après y avoir fait vœu solennel de chasteté, doit se proposer de faire partie d'une société principalement instituée pour travailler à l'avancement des âmes dans la vie et la doctrine chrétiennes, et à la propagation de la foi par des prédications publiques et le ministère de la parole de Dieu, par des exercices spirituels et des œuvres de charité, notamment en faisant le catéchisme aux enfants et à ceux qui ne sont pas instruits du christianisme, et entendant les confessions des fidèles pour leur consolation; il doit aussi faire en sorte d'avoir toujours devant les yeux : premièrement, Dieu; et ensuite, la forme de cet institut qu'il a embrassé. C'est une voie qui mène à lui, et il doit employer tous ses efforts pour atteindre à ce but que Dieu même lui propose selon toutefois la grâce qu'il a reçue de l'Esprit-Saint, et suivant le degré propre de sa vocation, de crainte que quelqu'un ne se laisse emporter à un zèle qui ne serait pas selon la science. C'est le général ou prélat que nous choisirons qui décidera de ce degré propre à chacun, ainsi que des emplois, lesquels seront tous dans sa main, afin que l'ordre convenable, si nécessaire dans toute communauté bien réglée, soit observé. Ce général aura l'autorité de faire des constitutions conformes à la fin de l'institut, du consentement de ceux qui lui seront associés, et dans un conseil où tout sera décidé à la pluralité des suffrages.

« Dans les choses importantes et qui devront subsister à l'avenir, ce conseil sera la majeure partie de la société que le général pourra rassembler commodément; et, pour les choses légères et momentanées, tous ceux qui se trouveront dans le lieu de la résidence du général. Quant au droit de commander, il appartiendra entièrement au général. Que tous les membres de la compagnie sachent donc, et qu'ils se le rappellent, non-seulement dans les premiers temps de leur profession, mais tous les jours de leur vie, que toute cette compagnie et tous ceux qui la composent combattent pour Dieu sous les ordres de notre très-saint seigneur le pape et des autres pontifs romains, ses successeurs; et, quoique nous ayons appris de l'Évangile et de la foi orthodoxe, et que nous fassions profession de croire fermement que tous les fidèles de Jésus-Christ sont soumis au pontif romain comme à leur chef et au vicaire de

Jésus-Christ, cependant, afin que l'humilité de notre société soit encore plus grande et que le détachement de chacun de nous et l'abnégation de nos volontés soient plus parfaits, nous avons cru qu'il serait plus utile, outre ce lien commun à tous les fidèles, de nous engager encore par un vœu particulier, en sorte que, quelque chose que le pontife romain actuel et ses successeurs nous commandent concernant le progrès des âmes et la propagation de la foi, nous soyons obligés de l'exécuter à l'instant, sans tergiverser ni nous excuser, en quelque pays qu'ils puissent nous envoyer, soit chez les Turcs ou tous autres infidèles, même dans les Indes, soit vers les hérétiques et les schismatiques, ou vers les infidèles quelconques. Ainsi donc que ceux qui voudront se joindre à nous examinent bien, avant de se charger de ce fardeau, s'ils ont assez de fond spirituel pour pouvoir, suivant le conseil du Seigneur, achever cette tour; c'est-à-dire, si l'Esprit-Saint qui les pousse leur promet assez de grâce pour qu'ils puissent espérer de porter avec son aide le poids de cette vocation ; et quand, par l'inspiration du Seigneur, ils se seront enrôlés dans cette milice de Jésus-Christ, il faut que, jour et nuit, les reins ceints, ils soient toujours prêts à s'acquitter de cette dette immense. Mais afin que nous ne puissions ni briguer ces missions dans les différents pays, ni les refuser, tous et chacun de nous s'obligeront de ne jamais faire à cet égard, ni directement ni indirectement, aucune sollicitation auprès du pape; mais de s'abandonner entièrement là-dessus à la volonté de Dieu, du pape comme son vicaire, et du général. Le général promettra lui-même, comme les autres, de ne pas solliciter le pape pour la destination et mission de sa propre personne dans un endroit plutôt que dans un autre, à moins que ce ne soit du consentement de la société. Tous feront vœu d'obéir au général en tout ce qui concerne l'observation de notre règle, et le général prescrira les choses qu'il saura convenir à la fin que Dieu et la société ont eue en vue. Dans l'exercice de sa charge, qu'il se souvienne toujours de la bonté, de la douceur, et de la charité de Jésus-Christ, ainsi que des paroles si humbles et si douces de saint Pierre et de saint Paul; et que lui et son conseil ne s'écartent jamais de cette règle. Sur toutes choses, qu'ils aient à cœur l'instruction des enfants et des ignorants dans la connaissance de la doctrine chrétienne, des dix commandements, et autres semblables éléments, selon qu'il conviendra, eu égard aux circonstances des personnes, des lieux et des temps. Car il est très-nécessaire que le général et son conseil veillent sur cet article avec beaucoup d'attention, soit parce qu'il n'est pas possible d'élever sans fondements l'édifice de la foi chez le prochain autant qu'il est convenable, soit parce qu'il est à craindre qu'il n'arrive parmi nous qu'à proportion que l'on sera plus savant, l'on ne se refuse à cette fonction comme étant moins belle et moins brillante, quoiqu'il n'y en ait pourtant pas de plus utile, ni au prochain pour son édification, ni à nous-mêmes pour nous exercer à l'humilité et à la charité. A l'égard des inférieurs, tant à cause des grands avantages qui reviennent de l'ordre que pour la pratique assidue de l'humilité, qui est une vertu qu'on ne peut assez louer, ils seront tenus d'obéir toujours au général dans toutes les choses qui regardent l'institut, et dans sa personne ils croiront voir Jésus-Christ, comme s'il était présent, et l'y révéreront autant qu'il est convenable. Mais comme l'expérience nous a appris que la vie la plus pure, la plus agréable et la plus édifiante pour le prochain est celle qui est la plus éloignée de la contagion de l'avarice, et la plus conforme à la pauvreté évangélique, et sachant aussi que Notre-Seigneur Jésus-Christ fournira ce qui est nécessaire pour la vie et le vêtement de ses serviteurs, qui ne chercheront que le royaume de Dieu, nous voulons que tous les nôtres et chacun d'eux fassent vœu de pauvreté perpétuelle, leur déclarant qu'ils ne peuvent acquérir ni en particulier, ni même en commun, pour l'entretien ou usage de la société, aucun droit civil à des biens immeubles ou à des rentes et revenus quelconques ; mais qu'ils doivent se contenter de l'usage de ce qu'on leur donnera pour se procurer le nécessaire. Néanmoins, ils pourront avoir, dans les universités, des colléges possédant des revenus, cens et fonds applicables à l'usage et aux besoins des étudiants, le général et la société conservant toute administration et surintendance sur lesdits biens et sur lesdits étudiants à l'égard du choix, refus, réception et exclusion des supérieurs et des étudiants, et pour les règlements touchant l'instruction, l'édification et la correction desdits étudiants, la manière de les nourrir et de les vêtir, et tout autre objet d'administration et de régime, de manière pourtant que ni les étudiants ne puissent abuser desdits biens, ni la société elle-même les convertir à son usage, mais seulement subvenir aux besoins des étudiants; et lesdits étudiants, lorsque l'on se sera assuré de leurs progrès dans la piété et dans la science, et, après une épreuve suffisante, pourront être admis dans notre compagnie, dont tous les membres qui seront dans les ordres sacrés, bien qu'ils n'aient ni bénéfices, ni revenus ecclésiastiques, seront tenus de dire l'office divin selon le rite de l'Église en particulier, et non point en commun. Telle est l'image que nous avons pu tracer de notre profession sous le bon plaisir de notre seigneur Paul et du siége apostolique. Ce que nous avons fait dans la vue d'instruire par cet écrit sommaire et ceux qui s'informent à présent de notre institut, et ceux qui nous succéderont à l'avenir, s'il arrive que, par la volonté de Dieu, nous ayons jamais des imitateurs dans ce genre de vie; lequel ayant de grandes et nombreuses difficultés, ainsi que nous le savons par notre propre expérience, nous avons jugé à propos d'ordonner que personne ne sera admis dans cette compagnie qu'après avoir été longtemps éprouvé avec beaucoup de soin, et que ce n'est que lorsqu'on se sera fait connaître pour prudent en Jésus-Christ, et qu'on se sera distingué dans la doctrine ou la pureté de la vie chrétienne, que l'on pourra être reçu dans la milice de Jésus-Christ, à qui il plaira de favoriser nos petites entreprises pour la gloire de Dieu le Père, auquel seul soient gloire et honneur dans les siècles. Ainsi soit-il. »

« Or, continue la bulle, ne trouvant dans cet exposé rien que de pieux et de saint, afin que ces mêmes associés qui nous ont fait présenter à ce sujet leur très-humble requête, embrassent avec d'autant plus d'ardeur leur plan de vie qu'ils se sentiront plus gratifiés de la faveur du siége apostolique; nous, en vertu de l'autorité apostolique, par la teneur de ces présentes et de science certaine, nous approuvons, confirmons, bénissons et garantissons d'une perpétuelle stabilité l'exposé précédent, son ensemble et les détails; et quant aux associés eux-mêmes, nous les prenons sous notre protection et celle de ce saint-siége apostolique, leur accordant néanmoins de dresser de plein gré et de plein droit les constitutions qu'ils jugeront conformes à la fin de cette compagnie, à la gloire de Notre Seigneur Jésus-Christ, et à l'édification du prochain, nonobstant les constitutions et ordonnances apostoliques du concile général et de notre prédécesseur d'heureuse mémoire, le pape Grégoire X, ou tous autres qui y seraient contraires.

« Nous voulons cependant que les personnes qui désirent faire profession de ce genre de vie ne puissent être admises dans la société, ni y être agrégées au-delà du nombre de soixante.

« Donc, que personne au monde n'ait la témérité d'enfreindre ou de contredire aucun des points susexprimés de notre approbation, de notre accueil, de notre concession et de notre volonté. Si quelqu'un osait le tenter, qu'il sache qu'il encourra l'indignation du Dieu tout-puissant et des bienheureux apôtres Pierre et Paul.

« Donné à Rome, à Saint-Marc, l'année de l'incarnation du Seigneur 1540, le cinquième des calendes d'octobre, de notre pontificat le sixième. »

Il est aisé de reconnaître l'astuce profonde, l'habileté consommée qui rédigea cette *forme de vie*. La cour de Rome, inquiétée, menacée dans sa puissance, agissait, en recevant ces auxiliaires, comme les gouvernements qui appellent à leur secours un voisin puissant et ambitieux, prêt à les servir d'abord pour les dominer ensuite. Elle croyait acquérir des instruments, elle se donnait des maîtres. Il est bien dit, dans ce manifeste, que chacun des associés et le général lui-même seront soumis à l'autorité du pape; mais il y est dit aussi que quiconque voudra servir sous cet étendard devra toujours avoir devant les yeux: premièrement Dieu, et ensuite *la forme de cet institut qu'il a embrassé*. Or, quelle est la première règle écrite dans la constitution de cet institut? *Manifestare sese invicem* : se dénoncer mutuellement. Et à qui? au général de l'ordre, auquel les membres doivent une obéissance aveugle. Quel est le but de l'institut? Un contemporain du fondateur, Mariana, nous l'a déjà dit : *Totum regimen nostrum videtur hunc habere scopum, ut malefacta injectâ terrâ occultentur, et hominum notitiæ subtrahen-*

lui ; toute notre institution semble avoir pour but de cacher sous terre les mauvaises actions, et de les dérober à la connaissance des hommes.

L'institut fait vœu de pauvreté ; ses membres ne peuvent acquérir ni en particulier, ni en commun, voilà le principe ; mais voici l'exception : des colléges possédant des revenus. Quel est le résultat ? A la fin du seizième siècle, soixante ans après sa fondation, l'ordre a vingt et une maisons professes et deux cent quatre-vingt treize colléges, c'est-à-dire, comme l'a si bien observé le plus redoutable adversaire des jésuites, M. Quinet, vingt et une mains pour refuser, et deux cent quatre-vingt-treize pour prendre. Quant au vœu de chasteté, on ne manquera pas de docteurs et de casuistes pour en faire une lettre morte.

L'institut fondé, on procéda à la nomination d'un général. Des disciples d'Ignace, cinq seulement, Laynez, Lejay, Brouet, Codure et Salmeron étaient présents ; Bobadilla était dans l'île d'Ischia ; François Strada, à Sienne ; Rodriguez et François Xavier, en Portugal, où ils attendaient le moment de faire voile pour les Indes ; le Fèvre avait été désigné par le pape pour assister à la diète de Worms. Les absents envoyèrent leurs suffrages par écrit et cachetés. Ignace fut élu général à l'unanimité. Comme tous les grands esprits politiques, il joignit la dissimulation à l'audace : il refusa d'abord cet honneur, objet constant de toutes ses pensées. Une seconde élection eut lieu, qui confirma la première. Il se résigna alors à accepter. Ce n'était plus aux yeux du monde un ambitieux qui ceignait la couronne, c'était un cœur dévoué qui se sacrifiait.

Le sacrifice eut lieu le jour de Pâques, 17 avril 1541 ; Ignace avait quarante-neuf ans. Les fatigues du corps et de la pensée avaient dégarni son front et creusé ses joues. Mais sur ce front chauve brillait l'empreinte du génie, et son énergique volonté se révélait dans ses regards. Tout en lui annonçait qu'il devait jouir pendant de longues années, dans le calme et le repos de la puissance, des fruits de son ambition désormais satisfaite. Le 22 du même mois, le maître et les disciples, après avoir visité les églises de Rome, se rendirent à Saint-Paul, hors les murs. Ignace célébra la messe à l'autel de la Vierge ; une foule nombreuse remplissait le temple. Avant de communier, il se tourna vers elle, tenant

d'une main l'hostie, de l'autre la formule des vœux : il la lut d'une voix haute et distincte ; ensuite, s'approchant de Laynez, de Lejay, de Brouet, de Codure et de Salmeron, agenouillés au pied de l'autel, il reçut leur profession et leur donna la communion.

La bulle de création avait restreint le nombre des profès à soixante. Le 14 avril 1543, une autre bulle, *Injunctum nobis*, permit à la compagnie de Jésus de recevoir tous ceux qui se présenteraient et de faire des constitutions.

Laynez et Salmeron furent choisis par Paul III pour ses théologiens au concile de Trente. Ignace resta à Rome, et s'occupa à convertir des juifs et des femmes de mauvaise vie. Il avait réuni et nourrissait dans la maison des jésuites quelques juifs qui s'étaient fait baptiser, et, à force de sollicitations, il obtint qu'on entretiendrait, dans une maison spécialement destinée à cet usage, tous les juifs qui se convertiraient. A sa prière, le pape ordonna qu'ils conserveraient tous leurs biens; que, s'ils étaient enfants de famille, et que si, malgré leurs pères et mères, ils embrassaient la vraie foi, tout le patrimoine serait pour eux. C'est ainsi que fut fondée la Maison des Catéchumènes, où l'on reçut non-seulement les Hébreux, mais les infidèles de toutes les nations. On ne sait si les conversions furent nombreuses au temps d'Ignace, les registres de cette époque n'ayant pas été conservés ; mais depuis 1617 jusqu'en 1842, le chiffre des convertis ne s'élève qu'à trois mille six cent quatorze : il n'y a pas de quoi crier au miracle.

Le nombre des femmes débauchées était prodigieux ; celles qui voulaient se retirer de l'infamie étaient reçues au couvent des Madelonnettes, sous la condition de s'engager à une éternelle clôture et à l'observation de tous les vœux de l'ordre. Cette condition était trop dure pour produire les bons résultats qu'on avait attendus de l'institution du couvent de Sainte-Marie-Madeleine; elle excluait les pécheresses mariées, les filles ou les veuves qui voulaient bien renoncer à la corruption, mais non s'asujettir aux lois d'une pénitence éternelle. Il y avait donc deux sortes de débauchées au salut desquelles Ignace devait travailler : celles qui avaient à craindre le ressentiment de leurs maris jusqu'à ce qu'elles eussent obtenu leur pardon, et celles qui voulaient quitter le crime sans renoncer d'ailleurs aux plaisirs honnêtes, et qui, à défaut des bénéfices du métier de courtisanes, avaient besoin qu'on assurât leur existence. Ignace fit bâtir des appartements dans l'église de Sainte-Marthe, et y fonda une communauté pour les femmes repenties. Il consacra à cette œuvre une forte somme d'argent : son exemple fut imité par plusieurs personnes, entre autres par Léonora Osoria, femme de Jean Véga, ambassadeur de Charles-Quint.

Le zèle d'Ignace pour la conversion de ces pécheresses lui suscita des désagréments. Il avait fait entrer à Sainte-Marthe une femme mariée qui s'était laissé enlever par son amant : le ravisseur, dont la patience n'était pas la vertu dominante, ne se contenta pas de briser, pendant la nuit, à coups de pierres les fenêtres

de la maison où sa maîtresse était renfermée; il accusa les jésuites de toutes sortes de déréglements, des actions les plus sales et les plus ordurières, des crimes les plus impies. C'était peut-être une calomnie : l'arbre était jeune, nouvellement planté, et probablement il n'avait pas encore eu le temps de porter ses fruits ; mais, par malheur pour l'institut naissant, le diffamateur fut cru sur parole. Les jésuites, de l'aveu de Ribadeneira, n'osaient presque plus se montrer; et rencontraient partout des gens qui les insultaient et les maudissaient. Ainsi, le sentiment d'horreur et de mépris qui accompagna leur puissance, les cris de haine qui éclatèrent à leur chute, se manifestèrent et retentirent autour de leur berceau. L'exécration dont ils sont l'objet prit naissance avec eux, elle est contemporaine de leurs doctrines. Il y a dans la foule certains instincts qui ne la trompent jamais.

Effrayé de cette violente répulsion, Ignace pria le pape de faire examiner ces accusations par des commissaires. Le gouverneur et le vicaire de Rome les déclarèrent calomnieuses par sentence du 10 août 1543. Un prêtre dont l'histoire n'a pas conservé le nom fit aussi, dans le même temps, une rude guerre aux jésuites; il les accusa d'hérésie, de révéler le secret des confessions, de commettre des actes impudiques qui rendaient Ignace digne du feu. Le prêtre fut suspendu, privé de ses bénéfices, et condamné à une prison perpétuelle.

Il ne paraît pas que ces attaques aient nui à Ignace et à son institut dans l'esprit du pape, car on le voit se poser comme médiateur entre Paul III et Jean III de Portugal, à l'occasion du chapeau de cardinal accordé à dom Michel de Silva, sans que le roi eût été consulté sur cette promotion. La querelle, qui menaçait de devenir sérieuse, fut apaisée par l'entremise d'Ignace.

Les accusations portées contre leurs mœurs ne diminuèrent en rien le crédit des jésuites auprès des femmes : il y en eut qui voulurent se soumettre à leur discipline. Il n'a guère existé de couvents de moines sans couvents de filles, et de fondateur d'ordre religieux qui n'ait traîné à sa suite des dévotes. Ignace eut les siennes. Isabelle Rosella, qui l'avait autrefois protégé, vint d'Espagne à Rome pour le voir avec trois autres dames, et elles obtinrent du pape la permission de faire les mêmes vœux que les jésuites. Mais Ignace s'y opposa fortement, et finit par faire revenir Paul III de sa décision.

L'esprit profond, la politique constante et invariable d'Ignace, se révèlent dans ce refus. En effet, en admettant des femmes dans la société, déjà assez mal famée, il donnait prétexte à des désordres. En les éloignant, au contraire, il sauvait les apparences sans faire aucun tort à ses disciples. La morale jésuitique était assez large et assez accommodante pour permettre à son inventeur de se montrer sévère et de faire parade de chasteté. Quant à lui personnellement, il n'avait aucun mérite à résister à la tentation, si on en croit le témoignage d'un des historiens, Mafféi[11] : la sainte Vierge, dit-il, lui accorda un tel don de continence, que, depuis l'époque où il se déclara son chevalier jusqu'à sa mort, il ne sentit aucune tentation impudique ; il pouvait fréquenter impunément les femmes, et se conserver, au milieu de ces flammes, aussi entier que les trois Juifs dans la fournaise de Babylone.

Jules III, en 1550, confirma l'ordre de nouveau. Ignace se fit prier une seconde fois de garder le généralat ; il le conserva jusqu'à sa mort, arrivée le dernier jour de juillet 1556. Paul V le béatifia en 1609. Grégoire XIII le mit au Catalogue des Saints en 1622. En 1644 et 1667, Innocent X et Clément IX augmentèrent encore les honneurs rendus à sa mémoire [13].

Depuis sa fondation jusqu'à nos jours, la société de Jésus a compté vingt-trois généraux et trois administrateurs, dont voici les noms :

GÉNÉRAUX.

	Élu en
1. Ignace de Loyola, Espagnol.	1541
2. Jacques Laynez, Espagnol.	1558
3. François Borgia, duc de Candie, Espagnol.	1568
4. Éverard Mercurian, Belge.	1573
5. Claude Aquaviva, Italien.	1581
6. Mucius Vitteleschi, Italien.	1615
7. Vincenti Caraffa, Italien.	1646
8. François Piccolomini, Italien.	1649
9. Alexandro Gothofridi, Italien.	1652
10. Gowin Nickel, Allemand.	1662
11. Jean-Paul Oliva, Italien.	1664
12. Charles de Noyelle, Belge.	1682
13. Thyrse Gonzalez, Espagnol.	1697
14. Marie-Ange Tamburini, Italien.	1706
15. François Retz, Allemand.	1730
16. Ignace Visconti, Italien.	1751
17. Aloys Centurione, Italien.	1755
18. Laurentio de Ricci, Italien.	1758

ADMINISTRATEURS.

La société de Jésus ayant été abolie par Clément XIV, les jésuites, retirés en Russie, furent gouvernés par trois administrateurs :

Czerniwicz, Polonais.	1782
Linkiwicz, Polonais.	1785
François-Xavier Caren, Allemand.	1799

La société fut rétablie par le pape cette même année.

GÉNÉRAUX.

19. François-Xavier Caren.	1799
20. Gabriel Gruber, Allemand.	1802
21. Thadé Broszozowski, Polonais.	1814
22. Louis Forti, Italien.	1820
23. Roothaan, Hollandais.	1829

Ignace de Loyola, en créant la société des jésuites, eut soin de l'isoler complétement de tous les autres ordres religieux, afin que sa prospérité exclusive fût le but de chacun de ses membres. Il lui donna deux caractères, celui d'ordre mendiant et celui d'ordre régulier. Il traça lui-même les conditions auxquelles on peut en faire partie.

L'admission dans un autre ordre fut une cause d'inaptitude à être reçu dans la société de Jésus.

Le novice dut, à l'instant même, renoncer à toutes ses affections d'amitié et de famille, comme il renonçait à sa propre volonté.

La compagnie fut partagée en six états :

1° Les novices ;
2° Les frères tempore's formés ;
3° Les scolastiques approuvés ;
4° Les coadjuteurs spirituels formés ;

5° Les profès des trois vœux ;
6° Les profès des quatre vœux.

Les novices furent divisés en trois classes :

1° Novices destinés au sacerdoce ;
2° Novices pour les emplois temporels ;
3° Les indifférents ; c'est-à-dire ceux qui entrent dans la compagnie pour devenir prêtres ou coadjuteurs temporels, suivant la destination que leur donne le supérieur.

Les frères temporels formés sont employés dans la société comme sacristains, portiers, cuisiniers, etc. ; leur temps d'épreuves est fixé à dix années ; à trente-trois ans, ils sont admis aux vœux publics.

Les scolastiques approuvés sont ceux qui, après leur noviciat terminé et la prononciation des vœux simples de religion, continuent leurs épreuves, soit dans les études privées, soit dans l'enseignement, jusqu'à leurs vœux solennels.

Les coadjuteurs spirituels formés sont employés au gouvernement des collèges, à la prédication, à l'enseignement, aux missions, à l'administration : ils doivent avoir au moins trente ans et dix années de vœux simples de religion.

Les profès des trois vœux sont admis à la profession solennelle pour quelque qualité, mérite ou talent qui les élève au-dessus des coadjuteurs spirituels formés, dont ils partagent les emplois.

Les profès des quatre vœux forment le premier anneau de la hiérarchie. Le profès des quatre vœux est le jésuite complet, le jésuite modèle ; il a passé par toutes les épreuves ; il peut entrer dans les congrégations qui élisent le général ; il peut être nommé provincial, secrétaire général, assistant, général.

Une égalité apparente et matérielle, une égalité de nourriture, de logement, règne dans toute la société ; la seule distinction consiste dans le vêtement des frères coadjuteurs, qui doit être plus court que celui des autres.

La société ne s'oblige pas envers les écoliers ; les écoliers s'obligent envers elle, au point de ne pouvoir disposer ou même jouir de leurs biens sans l'agrément des supérieurs. Sous cette réserve, on leur en laisse la propriété.

Le temps d'épreuves est de trois ans, de quinze à dix-huit.

A trente ans seulement, âge de Jésus-Christ, ils peuvent s'engager par les vœux.

Les profès ne peuvent accepter aucune dignité ecclésiastique, à moins d'y être forcés par le pape, sous peine de péché mortel.

Ignace décida que la société serait gouvernée par un général perpétuel et absolu.

Il est nommé par la congrégation générale, et ne peut refuser.

Il réside à Rome.

Il fait seul des règles, et seul dispense de leur exécution.

Il gouverne et ne prêche pas.

Il délègue ses pouvoirs à des provinciaux et à d'autres supérieurs pour trois ans ou plus, selon qu'il lui convient.

Il approuve ou désapprouve seul ses délégués, visiteurs, commissaires, provinciaux, etc.

Il nomme les administrateurs de la société, tels que le procureur général et le secrétaire général.

Il brise à son gré la hiérarchie, ayant pouvoir de soustraire tel ou tel membre à son supérieur immédiat.

Il délègue des examinateurs pour lire, approuver ou défendre tout ouvrage composé par des membres de l'ordre.

Il reçoit tous les trois ans un rapport des provinciaux, qui l'instruisent de l'âge des élèves, de leurs dispositions, de leur caractères, de leurs progrès.

Tous les jours, les supérieurs de telle ou telle localité adressent un rapport à leur provincial, et celui-ci, tous les trois mois, au général.

Il peut renvoyer un membre de la compagnie, sauf si ce membre est profès, auquel cas il faut qu'il obtienne le consentement du pape.

Il désigne le genre d'études auxquelles doit être destiné tel postulant et tel profès; il les envoie où il veut, après leurs études, pour un temps dont il détermine seul la durée.

Il peut révoquer ou rappeler les missionnaires nommés par

le pape, si le temps de leur mission n'a pas été déterminé.

Il peut créer de nouvelles provinces quand il le juge convenable.

Il stipule, pour les maisons et colléges, tout contrat de vente, d'achat, d'emprunt, de contributions de rentes et autres.

Il convoque la société en congrégation générale; il convoque également les congrégations provinciales.

Il a deux voix dans les assemblées; sa voix est prépondérante en cas de partage.

La délation, est, de principe absolu dans la société de Jésus, établie en faveur du général; elle l'est aussi contre lui. Espion suprême, il est espionné à son tour.

La société a droit d'inspection sur le vêtement, la nourriture et les dépenses du général.

Il est surveillé par un admoniteur nommé par la congrégation générale, qui avertit celle-ci des irrégularités qu'il remarque dans la conduite du général.

La société a le droit de s'opposer à ce que le général quitte ses fonctions pour accepter une dignité offerte par le pape, sauf le cas de contrainte, sous peine de péché mortel.

La société nomme un coadjuteur ou vicaire qui remplit le généralat en cas de négligence, de vieillesse ou de maladie réputée incurable du général.

La société a le droit de le déposer ou même de l'exclure de l'ordre, s'il a commis des péchés mortels devenus publics, s'il a détourné à son profit les revenus, s'il a aliéné les immeubles de la compagnie.

Quatre assistants sont toujours près de lui, dont la charge est de surveiller l'exécution de ces dispositions. Ces quatre assistants sont nommés en même temps et par ceux mêmes qui nomment le général.

Si l'un des assistants meurt ou s'absente pour un temps indéterminé, le général le remplace, sauf l'approbation des provinciaux.

Les assistants ne sont pris que dans les grandes provinces : le Portugal, l'Italie, l'Espagne, la France, l'Allemagne.

Ils sont les juges du général.

S'ils pensent que le général mérite d'être déposé, ils convoquent, nonobstant toute opposition de sa part, une congrégation générale.

Si le cas leur paraît urgent, ils le déposent eux-mêmes, après avoir recueilli par lettres le suffrage des provinciaux.

Tous les trois ans, les congrégations provinciales doivent examiner entre elles, et en dehors du général, s'il est utile de convoquer une congrégation générale. Le vote a lieu par écrit.

Telles sont, dans leur ensemble et dans leurs dispositions vitales, les constitutions de la société de Jésus : tout s'y enchaîne, tout s'y tient étroitement, tout y concourt à l'unité, à l'accroissement de la puissance de l'ordre. C'est le mode le plus compact, le plus complet, le plus rigoureux qu'un homme ait jamais imaginé ; il n'a son analogue que dans le système d'administration improvisée par le génie despotique et organisateur de Napoléon, vaste machine dont les rouages n'ont souffert aucune altération, et qui fonctionne imperturbablement au milieu des secousses politiques les plus profondes, et des changements de dynasties.

Le doigt de Dieu est là, ou du moins ce qu'il y a de plus puissant après Dieu, la logique.

A une autre époque la question de savoir si Ignace avait eu le don des miracles présentait une importance qu'elle a perdue aujourd'hui. Il s'établit sur ce point de longues controverses ; Ribadeneira, qui l'avait nié d'abord, se rétracta dans l'Abrégé de la vie d'Ignace qu'il publia pendant qu'on faisait des informations pour sa canonisation ; il avait répondu aux objections contre la sainteté d'Ignace : « Qui a connu l'intention de Dieu, ou qui a été son conseiller ? Dieu seul fait des choses merveilleuses, et comme c'est lui seul qui peut les faire, c'est aussi lui seul qui connaît les temps et les lieux où les miracles doivent être faits, et par les prières de qui. »

Plus tard, pour réparer son omission, il lui en attribua un grand nombre ; mais il fut obligé de convenir qu'il n'en avait fait qu'après sa mort. D'autres, qui n'avaient pas un démenti à se donner, tel que le père Bartali et Alphonse de Andrada, en rapportèrent une centaine dûment certifiés ; et, pour achever de convaincre les incrédules, une image de papier de saint Ignace jeta du sang par le doigt, en 1666, dans une ville de Sicile. Le prodige est raconté dans un livre imprimé à Palerme, en 1668.

Lorsque Ignace mourut, on lui éleva un autel dans l'église de l'Apollinaire. Grégoire XIII ayant pris sous sa protection le collége germanique, fondé par Ignace, on grava sur l'autel l'inscription suivante :

SANCTO IGNATIO,
SOCIETATIS JESU FUNDATORI, COLLEGIUM GERMANICUM
AUCTORI SUO POSUIT.

A SAINT IGNACE,
FONDATEUR DE LA SOCIÉTÉ DE JÉSUS ET DU COLLÉGE GERMANIQUE,
LE COLLÉGE GERMANIQUE A ÉLEVÉ CE MONUMENT.

CHAPITRE II.

FRANÇOIS XAVIER

MISSIONNAIRE, APÔTRE DES INDES OCCIDENTALES.

Ignace de Loyola avait longtemps étudié le caractère de François Xavier avant de s'ouvrir à lui et de lui faire part de ses projets. Le jeune élève de Sainte-Barbe était sincère dans ses croyances, plein d'enthousiasme et de conviction. Le rôle d'apôtre de la foi lui convenait : il eût repoussé l'idée d'être l'instrument d'une politique astucieuse et mondaine, dont il n'eut jamais conscience.

La puissance portugaise dominait dans les Indes-Orientales. Don Pedro de Mascaregnas, ambassadeur de Jean III [16] près la cour de Rome, demanda au pape, pour son maître, six missionnaires, qui iraient convertir les peuples infidèles de ces contrées lointaines. Les prédications, la vie aventureuse de Loyola et de ses compagnons, avaient déjà attiré les regards et fixé l'attention du monde. Le pape consulta Ignace. La société n'était pas encore assez nombreuse pour en détacher six membres. Ignace garda auprès de lui les théologiens pour les lancer dans les querelles religieuses qui agitaient l'Europe. Rodriguez et François Xavier partirent pour Lisbonne.

Ce fut le 14 mai 1540, veille de son départ de Rome, que Xavier fit ses adieux à son général. Les paroles qu'Ignace lui adressa ont été conservées.

« Recevez, lui dit-il, l'emploi dont Sa Sainteté vous charge par ma bouche, comme si Jésus-Christ vous l'offrait lui-même, et réjouissez-vous d'y trouver de quoi satisfaire ce désir ardent que nous avions tous de porter la foi au delà des mers. Ce n'est pas seulement ici la Palestine ni une province de l'Asie, ce sont des terres immenses et des royaumes innombrables; c'est un monde entier. Il n'y a qu'un champ aussi vaste qui soit digne de votre courage. Allez, mon frère, où la voix de Dieu vous appelle, où le saint-siége vous envoie, et embrasez tout du feu qui vous brûle. »

François Xavier traverse la France et les Pyrénées; il passe, sans s'y arrêter, près du château paternel : il ne veut pas dire un dernier adieu à sa famille, à ses frères, qui avaient suivi avec gloire et honneur la carrière des armes, à Marie Azpilcuetta, sa vieille mère. Vers la fin de juin, il arrive dans la capitale du Portugal; mais il est obligé d'attendre jusqu'au printemps suivant le départ de la flotte.

Fidèles à leur vie antérieure, aux exemples d'Ignace, Rodriguez et François Xavier vont chercher un asile dans un hospice; ils vivent d'aumônes, ils quêtent pour les pauvres, ils secourent les malades, et prêchent contre la corruption du siècle, que nourrissaient et augmentaient les richesses des nouvelles conquêtes. Leur éloquence fait des prodiges : non-seulement le peuple, mais les grands, embrassent une vie plus austère. Jean III, prince religieux, témoin de ces conversions nombreuses, conçoit le projet de garder en Portugal les deux missionnaires; mais le frère du roi, don Henri, et son conseil, s'opposent à ce dessein, et font valoir les avantages qui résulteraient pour le Portugal d'attacher à la métropole, par le lien sacré de la religion, les colonies immenses, conquête d'Albuquerque [17].

Jean III s'adressa au pape, qui ne sut s'il devait consentir ou refuser. Ignace le tira d'embarras, en décidant que Rodriguez resterait en Europe, et que Xavier partirait seul. La difficulté ainsi réglée, Jean III remit au futur apôtre quatre brefs qu'il avait demandés au saint-siége : l'un de ces brefs nommait François Xavier nonce apostolique en Orient, et lui conférait les pouvoirs les plus étendus pour la propagation et le triomphe de la foi catholique.

Le 7 avril 1541, les rives du Tage étaient couvertes d'un peuple nombreux; aux accents belliqueux de la musique militaire se mêlaient les acclamations de la multitude : on échangeait des adieux, on formait des souhaits, on espérait dans l'avenir. Les vaisseaux dont le vent enflait les voiles se balançaient sur les ondes, et le soleil éclairait de son plus doux sourire cette fête nationale. Le vice-roi des Indes, don Alphonse de Souza, monta sur le vaisseau amiral, suivi de François Xavier, qui venait de recevoir les derniers embrassements de son compagnon Rodriguez; la flotte sortit du Tage.

Les écueils semés sous les eaux n'étaient pas encore signalés complétement aux navigateurs : la traversée fut longue et pénible; plusieurs fois des tempêtes terribles assaillirent l'expédition, séparèrent les bâtiments, et mirent en péril la vie de l'équipage. Dans

ces moments, Xavier relevait le courage abattu des matelots; il priait Dieu d'apaiser les flots courroucés. Quand l'orage s'était éloigné, quand le calme régnait sur les ondes, il rassemblait autour de lui les marins et les soldats, suspendus à sa parole, et s'essayait sur eux aux conversions qu'il allait entreprendre.

A la fin d'août 1541, la flotte débarqua à Mozambique, sur la côte orientale d'Afrique, dans la basse Éthiopie [18]. La chaleur excessive, l'insalubrité du climat, jointes aux fatigues de la traversée, décimaient l'expédition. En même temps qu'il évangélise les nègres, François Xavier, de concert avec Cameritto et Mansilla, deux Portugais qu'on lui avait donnés comme compagnons, visite, console et secourt les malades. Dévoré lui-même par une fièvre ardente, il triomphe du mal, il ne prend aucun repos.

Après six mois de séjour à Mozambique, il accompagne le vice-roi à Socotora, île située dans les Indes, en face du détroit de Bab-el-Mandel, qui a peut-être été autrefois l'île des Amazones, et où l'on croit qu'Alexandre le Grand envoya une colonie. Les habitants de Socotora, contrée brûlée par le soleil, presque entièrement dépourvue de végétation et d'eau, étaient plongés dans la barbarie et dans la superstition. Séparés du monde entier par les eaux, ils parlaient une langue inconnue, sans rapport avec celle de leurs conquérants. Dans l'impossibilité absolue de s'expliquer par la parole, Xavier s'exprima d'abord par signe et à l'aide de la pantomime, qui, chez les peuples sauvages, remplace si souvent un langage imparfait. Il fut compris : quelques mots, quelques phrases, lui suffirent pour subjuguer ces intelligences grossières. Il baptisa un grand nombre de ces idolâtres, et telle fut l'influence qu'il exerça, la confiance qu'il inspira, qu'ils lui demandèrent de rester et de vivre parmi eux.

Mais un théâtre plus vaste l'appelait, bien d'autres contrées devaient entendre sa parole : sa vie de missionnaire ne faisait que commencer. A la voix de don Alphonse de Souza, il part pour Goa. Ce n'était pas seulement les indigènes qu'il devait ramener à la pratique des vertus chrétiennes : il eut à combattre la dissolution, les rapines et l'immoralité des Portugais. Les prêtres eux-mêmes donnaient l'exemple de tous les scandales, favorisaient la prostitution des esclaves, et partageaient les bénéfices de cet infâme commerce. Là, comme en tant d'autres pays qu'ils étaient appelés à éclairer et à civiliser, ils se faisaient haïr pour leurs vices et leurs dépravation. Les premières semences du christianisme déposées sur cette terre s'étaient bien vite desséchées avant de porter leurs fruits. Les Indiens étaient revenus au culte de leurs idoles : ils leur sacrifiaient de nouveau des victimes humaines. Une clochette à la main, comme un pasteur qui appelle le soir son troupeau, Xavier parcourt les rues de Goa, attirant à lui les petits enfants, les réunissant dans une église, et leur adressant des sermons et des préceptes de vie. Les mères bientôt suivirent leurs fils et leurs filles : les mœurs furent en partie réformées.

Mais il apprend par Michel Vaz, vicaire général des Indes, qu'une autre contrée a besoin de son enseignement. Il quitte Goa, et s'embarque pour le cap Comorin, haute montagne, terre brûlante qui s'avance dans la mer, à quarante lieues ouest et en face de l'île de Ceylan. Partout on recueille avidement sa parole, et les trente villages disséminés sur la côte de la Pêcherie se convertissent à sa voix.

Une pauvre femme de Comorin, près de succomber dans les douleurs d'un enfantement laborieux, écoute les instructions du missionnaire. Au défaut d'un médecin du corps, le médecin de l'âme soutient et ranime la malade : le baptême qu'elle demande et qu'elle reçoit, est le remède salutaire qui la sauve : la nature fait un effort, et les idolâtres, qui n'attendaient qu'un miracle pour se convertir, tombent aux pieds de Xavier. Son grand moyen d'action était le soulagement qu'il apportait aux maux physiques. Il n'en fallait pas plus pour frapper fortement et pour dominer l'imagination de ces peuples primitifs.

Mais ses succès lui attirèrent des ennemis. Les prêtres ne purent souffrir patiemment une rivalité qui leur enlevait leur influence. Les Paravas, nom général de la race qui habitait la côte de la Pêcherie, depuis le cap Comorin jusqu'à l'île de Manar, adoraient trois dieux engendrés par une substance éternelle et préexistante à toutes les autres, nommée Parabrama : ces trois divinités étaient : Maiso, qui régnait dans le ciel ; Visnou, qui jugeait les hommes, et Brama, qui présidait à leur religion. On peut remarquer ici la ressemblance confuse qui existe entre cette théogonie indienne et le paganisme grec et romain. Les prêtres, ou brahmanes, prétendaient descendre du dieu Brama. C'était eux qu'il fallait d'abord convertir ; mais ils n'étaient pas disposés à se laisser dépouiller du privilége des miracles. L'éloquence de François Xavier échoua toujours contre leur intérêt, et à toutes ses tentatives, les brahmanes opposèrent sans cesse cette réponse : La superstition nous fait vivre nous et nos familles : si la superstition est détruite, nous sommes sans emploi et ruinés.

Sur la côte du Malabar s'étendait le petit pays de Travancor, borné au nord par les États du Samorin, à l'est par le royaume de Maduré, dont il était tributaire, à l'ouest et au sud par la mer. Xavier y pénètre. Si on en croit ses historiens, en peu de temps, près de cinquante églises s'élèvent, et en un seul jour (il rapporte le fait lui-même dans une de ses lettres), il baptise plus de dix mille Indiens. Les prêtres de Travancor, plus fanatiques encore et moins patients que ceux de la côte de la Pêcherie, ne se contentent pas de rester incrédules : la mort seule du missionnaire peut les satisfaire et les rassurer. Une nuit, des assassins apostés par eux viennent l'assaillir à coups de flèches ; mais les flèches s'égarent dans leur vol : François Xavier échappe à ce danger. L'incendie le poursuit dans les maisons où il entrait parfois pour se reposer : les flammes le respectent.

Un évènement inattendu mit fin à ces homicides tentatives. Le pays de Travancor fut envahi par les Bagades, population de voleurs et de pillards venus de Bisnagar ou Bisnagor, capitale du royaume de ce nom, située à quarante-cinq lieues sud de Golconde. Les Bagades avaient pour chef le naïre ou roi de Maduré. Le roi de Travancor s'avança à la rencontre de ces brigands. Au moment où les deux armées en présence s'ébranlaient déjà et allaient se heurter, Xavier, après une courte et fervente prière, saisit le crucifix, et d'une voix inspirée :

— Au nom du Dieu vivant, s'écrie-t-il, je vous défends de passer outre ; je vous ordonne de vous séparer et de retourner sur vos pas !

Après un instant d'hésitation, les Bagades rebroussèrent chemin. En reconnaissance de ce service, le roi voulut que Xavier portât dorénavant le surnom de *grand père*, comme lui-même portait celui de *grand monarque*. Il ne se convertit pas ; mais il laissa ses sujets libres d'embrasser la religion chrétienne. La soumission du prince eût été peut-être stérile : un miracle détermina les conversions. Que le fait soit vrai ou supposé, de quelque supercherie qu'il ait été accompagné, nous devons le rapporter.

Xavier était à Coulan ou Coula, ville de la côte de Malabar ; il prêchait, mais sans succès : sa parole ne rencontrait que des oreilles fermées, des cœurs endurcis Un des habitants de la ville mourut. Sa famille et ses amis le déposèrent dans un tombeau, qui fut refermé aussitôt. Le lendemain, François Xavier assembla le peuple et les proches du défunt, et, suivi par la foule, il se rendit au tombeau. D'abord, il s'agenouille ; il prie en silence le Dieu des chrétiens de lui venir en aide, et de manifester sa puissance par un éclatant prodige. La foule le contemple avec étonnement. Le regard rayonnant d'une céleste confiance :

— Hier, dit-il, vous avez déposé un mort dans ce tombeau : ouvrez-le, examinez le corps, assurez-vous par vous-mêmes que ce n'est qu'un cadavre.

On soulève le linceul, on dépouille le mort de son dernier vêtement. Alors Xavier répondit :

— Au nom du Dieu vivant, je te commande de te lever et de vivre, en preuve de la religion que j'annonce.

Le peuple de Coulan embrassa le Christianisme.

Cependant, le vice-roi des Indes, Alphonse de Souza, laissait périr l'œuvre de régénération commencée à Goa par François Xavier. Il trouvait dans les désordres renaissants des Portugais une occasion de richesses et de plaisirs qu'il saisissait avidement. De retour à Cochin, sur la côte de Malabar, le 15 décembre 1544, Xavier, de concert avec Michel Val, écrivit à Jean III, pour demander la destitution d'Alphonse de Souza, la lettre suivante :

« Je supplie Votre Majesté, par le zèle ardent qu'elle a pour la gloire de Dieu et par le soin qu'elle a toujours eu de son salut éternel, d'envoyer ici un ministre vigilant et courageux, qui n'ait rien plus à cœur que la conversion des âmes, qui agisse indépendamment des officiers de votre épargne, et qui ne se laisse pas gouverner par tous ces politiques, dont les vues se bornent à l'utilité de l'État. Que Votre Majesté examine un peu l'argent qui tombe des Indes dans ses coffres, et qu'elle compte les dépenses qu'elle y fait pour l'avancement de la religion. Ainsi, ayant pesé les choses de part et d'autre, vous jugerez si ce que vous donnez égale en quelque façon ce qu'on vous donne, et vous aurez peut-être sujet de craindre que, de ces biens immenses dont la libéralité divine vous comble, vous n'accordiez à Dieu qu'une très-minime partie. »

La dénonciation du jésuite fut favorablement accueillie. Don Juan de Castro remplaça Alphonse de Souza, avec ordre formel de détruire toute superstition idolâtre à Goa, de renverser les pagodes, et d'exiler les brahmanes.

Xavier avait eu un précurseur dans les Indes, saint Thomas, désigné par saint Luc comme le huitième apôtre, le même qui, le jour de la résurrection de Jésus-Christ, avait dit :

— Je ne le croirai pas si je ne vois les marques des clous dans ses mains, et celle de la lance dans son côté.

Et à qui Jésus, apparaissant une seconde fois, avait adressé ces paroles :

— Portez ici votre doigt, voyez mes mains et mon côté, et ne soyez pas incrédule, mais fidèle.

Xavier partit pour Méliapour, ville de la côte de Coromandel, dans le royaume de Carnate, où saint Thomas [19] avait souffert le martyre. Il pria sur son tombeau, et le 27 septembre 1545, il aborda à Malaca, où il trouva trois jésuites qu'Ignace lui envoyait, Antoine Criminal, Jean Beira et Nicolas Lancilotti. Il partagea avec eux l'œuvre de conversion : Lancilotti enseigna la langue latine au collége de Sainte-Foi, Criminal et Beira furent dirigés vers la Pêcherie.

Après avoir réformé les mœurs à Malaca, Xavier s'embarqua, le 1er janvier 1546, pour Amboine, l'une des Moluques. De nouveaux périls l'y attendaient. La peste se déclara sur les flottes espagnole et portugaise, à l'ancre dans le port. Les habitants, frappés de terreur, laissaient périr les malades, sans leur porter secours : le rivage et le pont des navires étaient couverts de morts et de mourants. Un seul homme osa affronter la contagion, et la contagion le respecta : cet homme était François Xavier. Enfin, la peste cessa ses ravages. Après le départ de la flotte, il alla prêcher l'Évangile dans les îles sauvages de Baramira et de Rosalao, et ensuite à Ternate, la plus importante des Moluques. Là, il convertit Néachile Pocaraga, fille d'Almanzor, roi de Lidor, femme de Boleife avant la conquête, et d'ennemie irréconciliable des Portugais, il en fit une chrétienne fervente et une alliée fidèle.

Tant de travaux, tant de fatigues, tant de courses périlleuses à travers les écueils de l'Océan oriental, étaient loin d'avoir épuisé ses forces. Il entend parler de peuples convertis autrefois au christianisme, mais revenus depuis longtemps à leur barbarie primitive. Les habitants de l'île du More, à soixante lieues vers l'orient, sont cruels, inhospitaliers, féroces. Enfants d'une terre stérile bouleversée par les tempêtes, brûlée par des feux souterrains, ils ont des passions violentes et sanguinaires, ils tuent sans pitié ni remords leurs ennemis, et font rôtir leur chair. Xavier écrit à Loyola :

« Le pays où je vais est hérissé de dangers, et funeste à tous par la barbarie des habitants et par l'usage de divers poisons qu'ils mêlent dans le breuvage et dans les viandes. C'est ce qui a empêché plusieurs prêtres d'aller les instruire. Quant à moi, considérant leur extrême besoin et le devoir de mon ministère, qui m'oblige d'affranchir les âmes de la mort éternelle, aux dépens même de ma vie, j'ai résolu de tout hasarder pour leur salut. Toute mon espérance, tout mon désir, est de me conformer, autant qu'il sera en moi, à la parole du Maître : Qui voudra sauver son âme la perdra, et qui la perdra pour l'amour de moi la trouvera.

« Plusieurs personnes qui m'aiment ici tendrement ont fait tout ce qu'elles ont pu pour me détourner de ce voyage. S'apercevant que leurs prières, que leurs larmes étaient sans effet, elles ont voulu me donner des contre-poisons. Je n'ai eu garde d'en accepter, de peur qu'en me chargeant du remède, je ne vinsse à craindre le mal. Ma vie est entre les mains de la Providence ; je n'ai besoin de nul préservatif contre la mort, et il me semble que plus j'aurais de remèdes, moins j'aurais de confiance en Dieu. »

L'île du More se soumit à la voix du missionnaire, qui revint aux

Moluques, à Malaca, et enfin à Goa, au mois de juillet 1547. Ribera, Nuguez et sept autres jésuites, envoyés par Ignace, l'y attendaient. Les préceptes du fondateur sur la vertu d'obéissance avaient germé dans l'esprit et le cœur de Xavier. Un de ses deux premiers compagnons, François Mansilla, refusa de quitter le théâtre de ses prédications. Xavier le chassa de la compagnie.

C'est à cette époque que se place un des épisodes les plus éclatants de cette vie si pleine d'héroïsme et de merveilles. Alaradin, roi d'Achem, dans l'île de Sumatra, n'avait jamais reconnu la domination des Portugais. Depuis longtemps, il nourrissait le dessein secret de se rendre maître de Malaca. Dans la nuit du 8 au 9 octobre 1549, il force le port de la ville, que menacent d'incendier ses brûlots. Déjà le feu dévore la flotte portugaise, et Alaradin charge quelques pêcheurs, mutilés par ses ordres, de porter au gouverneur, don Francisque de Mello, une sommation insolente, rédigée avec l'emphase et l'exagération orientales :

« Bajaja Soora, qui ai l'honneur de porter dans des vases d'or le riz du grand soudan Alaradin, roi d'Achem et des terres que lavent l'une et l'autre mer, je t'avertis d'écrire à ton roi que je suis ici malgré lui, jetant la terreur dans sa forteresse par mon fier rugissement, et que j'y serai tant qu'il me plaira. J'appelle à témoin de ce que je dis, non-seulement la terre et les nations qui l'habitent, mais tous les éléments, jusqu'au ciel de la lune, et je leur déclare, par les paroles de ma bouche, que ton roi est sans réputation et sans valeur; que ses étendards abattus ne pourront jamais se relever sans la permission de celui qui vient de le vaincre; que, par la victoire que nous avons remportée, mon roi a sous ses pieds la tête du tien, qui, depuis ce jour-là, est son sujet et son esclave; et afin que tu confesses toi-même cette vérité, je te défie au combat dans le lieu où je suis présentement, si tu te sens assez de courage pour me résister. »

Il était plus aisé de mépriser ce ridicule défi que la flotte victorieuse d'Alaradin : le conseil convoqué par don Francisque de Mello, était incertain. Xavier paraît et ranime tous les courages. Ce ne sont plus des paroles de paix, mais un cri de guerre qu'il fait entendre. La fierté du sang espagnol s'est réveillée en lui : il se souvient de son origine, de sa jeunesse destinée à la carrière des armes, de ses frères qui avaient été de vaillants capitaines. Quelques bâtiments avaient été épargnés par les flammes : ils s'élancent sur les eaux, à la rencontre de l'ennemi ; mais, à peine sorti du port, le vaisseau amiral sombre et disparaît sous les flots. Le jésuite apaise les murmures et les craintes ; il promet un secours envoyé par le ciel : et, en effet, à la nuit tombante, on signale à l'horison deux voiles latines qui, le lendemain, se réunissent à la flotte. Le 25 octobre, on attaque les Achémois ; on coule, on brûle, on disperse leurs vaisseaux.

Six mois plus tard, il nomme Paul de Camérino supérieur général à sa place ; confie les Paravas à Criminal, Henriquez et Alphonse Cyprien ; va voir à Bazain don Garcie de Sa, successeur, dans le gouvernement des Indes, de don Juan de Castro, et le 15 avril, il s'embarque pour le Japon avec Côme de Torry, Jean Fernandez et Anger Cangoxima, Japonais converti par lui au christianisme, sous le nom de Paul de Sainte-Foi.

La tempête le promène pendant quatre mois sur ces mers orageuses, et le dépose, le 15 août 1549, sur le rivage de Cangoxima.

Là, il se trouve aux prises avec une population fanatisée par les bonzes, qui disposent en souverains maîtres de la vie et des biens des hommes, qui leur ordonnent, au nom de leurs divinités, Amida et Xaca, de se précipiter du haut des rochers dans les fleuves, de s'ensevelir vivants ; là, comme sur la côte de la Pêcherie, il doit lutter contre l'ignorance, la superstition et l'égoïsme. Il en triomphe également. La ville de Cangoxima se convertit. Il se remet en route ; tout son bagage se compose de quelques ornements nécessaires pour célébrer la messe. Il passe à travers les peuples qui méprisent sa pauvreté. Mais à Firando, royaume adjacent à l'île de Ximo, la flotte portugaise le reconnaît ; les mâts se pavoisent, l'artillerie le salue : le roi de Firando lui donne l'autorisation de prêcher la religion chrétienne dans ses Etats.

Il s'embarque de nouveau, et fait voile vers l'île de Niphon, le 27 octobre 1550. La ville d'Amanguchi, repaire de tous les vices engendrés par la richssse, livrée à la sodomie et aux plus effroyables débauches, résiste à sa parole. Il est obligé de se retirer devant cette accusation universelle :

—Voilà le bonze imposteur qui veut que nous n'adorions qu'un Dieu, et que chacun de nous n'ait qu'une seule femme !

Accompagné par Fernandez et par deux Japonais qu'il avait convertis, Xavier part pour Méaco, capitale de l'empire. Il s'engage dans un désert glacé, où la neige s'étendait partout comme un linceul. Pendant deux mois, pieds nus, à peine garanti du froid par une soutane déchirée, portant sur le dos, dans une besace,

quelques poignées de riz séché au feu, sa seule nourriture, il marche, il traverse ces affreuses solitudes, sans plainte, sans murmure, sans perdre un seul instant courage ; et quand il entre enfin à Méaco, il apprend que tant de peines et tant de dangers sont en pure perte. Il faut payer cent mille caixes, plus de six mille francs pour obtenir une audience du dayri, et Xavier ne possède rien. Il a distribué en aumônes mille écus d'or qu'on l'avait forcé d'accepter. Que fait-il? Va-t-il enfin déposer le bâton et la besace du pèlerin? Il retourne sur ses pas, il recueille quelques présents, qu'à son retour il offre à Oxindono, roi d'Amanguchi; et cette fois on l'écoute, on lui permet de prêcher. Il instruit les Japonais et les Chinois; il s'initie aux subtilités de toutes les sectes qui se partageaient les esprits; il argumente et discute contre les bonzes qui, pour l'embarrasser, parlent plusieurs ensemble sur des questions différentes. L'acte de sa canonisation dit que : « Ses réponses brèves, claires et multipliées par la grâce, frappaient en même temps les oreilles de ses interlocuteurs. »

« Quoique mes cheveux aient déjà blanchi, écrivait-il à Rome, je suis plus robuste que je n'ai jamais été; car les peines qu'on prend pour cultiver une nation raisonnable qui aime la vérité et qui désire son propre salut, donnent bien de la joie. Je n'ai en toute ma vie goûté tant de consolation qu'à Amanguchi, où une grande multitude de gens venaient m'entendre avec la permission du roi. Je voyais l'orgueil des bonzes abattu, et les plus fiers ennemis du nom chrétien soumis à l'Évangile. Je voyais les transports de joie où étaient ces nouveaux chrétiens, quand, après avoir terrassé les bonzes dans la dispute, ils retournaient tout triomphants. Je n'étais pas moins ravi de voir la peine qu'ils se donnaient à l'envi l'un de l'autre pour convaincre les gentils, et le plaisir qu'ils avaient à raconter leurs conquêtes; par quelles manières ils se rendaient maîtres des esprits, et comment ils exterminaient les superstitions païennes. Tout cela me causait une telle joie, que j'en perdais le sentiment de mes propres maux. Ah! plût à Dieu que, comme je me ressouviens de ces consolations que j'ai reçues de la miséricorde divine au milieu de mes travaux, je pusse non-seulement en faire le récit, mais en donner l'expérience, et les faire un peu sentir à nos académies de l'Europe. Je suis assuré que plusieurs des jeunes gens qui y étudient viendraient employer à la conversion d'un peuple idolâtre ce qu'ils ont d'esprit et de forces, s'ils avaient une fois goûté les douceurs célestes qui accompagnent nos fatigues. »

Au milieu de ces travaux apostoliques, que partageaient Torrez et Fernandez, François Xavier apprend qu'un navire portugais, monté par Édouard de Gama, était dans les eaux de Bungo, royaume considérable de l'île de Ximo. Le 20 septembre 1551, il se dirige vers Fucheo ou Funay, capitale du royaume. Les Portugais vont au-devant de lui, le reçoivent avec honneur, et le roi lui écrit pour le prier de venir le voir le lendemain dons son palais.

Malgré la répugnance de Xavier, on prépare tout pour que cette réception soit brillante et solennelle. On lui fait comprendre que l'éclat extérieur et les pompes mondaines sont nécessaires pour frapper plus vivement ces imaginations orientales. Xavier se laisse revêtir, pour ce jour-là d'une soutane neuve, d'un surplis et d'une étole de velours vert, garnie de brocart d'or. Au lever du soleil, le cortége se met en marche vers le palais. Trente Portugais, dont les riches habits étincelaient de pierres précieuses, s'avancent, précédés par Édouard de Gama : tous avaient la tête nue. Une musique militaire maintient l'ordre et la régularité dans les rangs des Européens de tout âge, de tout sexe, de toute condition, qui suivent le missionnaire.

Il était entouré par cinq hommes, qui portaient autour de lui l'Évangile, renfermé dans un sac de satin blanc, une canne de Bengala, incrustée d'or, des pantoufles de velours noir, une image de la Vierge, et un parasol. La garde du roi s'ouvre pour le recevoir : il entre au palais, et parcourt, accompagné des principaux seigneurs du Bungo, plusieurs galeries magnifiques; puis, on l'introduit devant le roi, assis sur son trône. Le missionnaire s'apprête à se prosterner à ses pieds, selon le cérémonial habituel; mais, à son aspect, le roi se lève, s'incline trois fois, le fait asseoir à ses côtés, et le prie de développer, en présence de toute sa cour, les mystères et les vérités de la religion chrétienne. Au dîner, tous les assistants restèrent à genoux.

Une protection si éclatante, qui ne se démentit pas un seul instant pendant quarante jours, attira au missionnaire la colère et la vengeance des bonzes. Fucarandono, leur chef et leur oracle, ameuta le peuple, et le jour fixé pour le départ de Xavier faillit devenir celui de sa perte. Grâce au courage calme et tranquille qu'il déploya, grâce à l'attitude martiale des Portugais, il put regagner le navire qui l'avait amené.

Le 24 janvier 1552, il débarque à Cochin, sur la côte de Malabar, où, à peine arrivé, il entreprend de convertir le roi des Maldives, îles situées sous la ligne, dans la grande mer des Indes, à cinquante lieues du cap Comorin ; et, de concert avec un marchand son ami, Jacques Pereyra, il s'occupe de mettre à exécution un projet formé depuis longtemps, celui d'un voyage en Chine.

Pour la seconde fois, usant des pouvoirs qui lui étaient déférés, il rappelle à la vertu d'obéissance un de ses compagnons, le jésuite Gomez, recteur du collége de Saint-Paul, qui s'était permis, dans ses velléités d'indépendance, d'introduire des changements dans le plan d'études accepté par la compagnie. Gomez était soutenu par don Georges Cabral, gouverneur des Indes; mais celui-ci céda bientôt aux représentations de Xavier; et le rebelle fut embarqué sur le premier navire qui retourna en Europe.

Avant son départ pour la Chine, Xavier mit ordre aux affaires de la compagnie. Gaspard Barzié fut nommé recteur du collége de Sainte-Foi, et supérieur général de tous les frères en mission dans ce monde nouveau. Melchior Nuguez partit pour Bazin, Jean Lopez pour Méliapour, Gonsalve Rodriguez pour Cochin, et Louis Mendez pour la côte de la Pêcherie. Les missionnaires désignés pour l'accompagner en Chine étaient : Gago, Silva, Alcacera, Gonzalès et Xavier Ferreira de Monte-Mayor.

Dans une lettre du 9 avril 1552, il explique à Jean III le but et les espérances de sa nouvelle entreprise :

« Je partirai de Goa dans cinq jours, pour faire voile vers Malaca, d'où je prendrai le chemin de la Chine avec Jacques Pereyra, qui est nommé ambassadeur. Nous portons de riches présents que Pereyra a achetés, partie de votre argent et partie du sien ; mais nous en offrirons un plus précieux, tel qu'aucun roi, que je sache, n'a jamais fait à un autre roi : c'est l'Évangile de Jésus-Christ; et si l'empereur de la Chine en connaît une fois le prix, je suis assuré qu'il préférera ce trésor à tous les siens, quelque grands qu'ils soient.

« J'espère que Dieu regardera enfin avec des yeux de miséricorde un si vaste empire, et qu'il fera connaître à tant de peuples qui portent son image gravée sur le front, leur créateur et le sauveur de tous les hommes, Jésus-Christ.

« Notre dessein est de tirer des fers les Portugais qui sont captifs en Chine, de ménager l'amitié des Chinois en faveur de la couronne de Portugal, et surtout de faire la guerre aux démons et à tous leurs partisans. Nous déclarerons pour cela, à l'empereur et à tous ses sujets, de la part du roi du ciel, le tort qu'ils ont de rendre au mensonge le culte qui n'est dû qu'au vrai Dieu, créateur des hommes, et à Jésus-Christ, leur juge et leur maître

« L'entreprise peu sembler hardie, de s'aller jeter parmi les peuples barbares, et d'oser paraître devant un puissant monarque, pour lui révéler la vérité et pour le reprendre de ses vices. Mais ce qui nous donne du courage, c'est que Dieu lui-même nous a inspiré cette pensée, qu'il nous remplit de confiance en sa miséricorde, et que nous ne doutons pas de son pouvoir, qui passe infiniment la puissance du roi de la Chine. »

Mais un obstacle qu'il n'avait pas prévu renverse ses projets. Le gouverneur de Malaca, don Alvare d'Atayde, avait espéré pour lui le commandement de l'ambassade en Chine ; jaloux de la préférence accordée à un simple marchand, Pereyra, il refuse, en sa qualité de capitaine-major de la mer, charge dont il venait d'être investi par Xavier, de laisser partir le vaisseau *la Sainte-Croix*. Il prétexte un invasion des Javes, qui menacent Malaca. Jean Suarès, vicaire général, montre à Alvare les lettres patentes de Jean III et de don Alphonse de Nosogna, gouverneur des Indes, qui confèrent à Xavier une autorité absolue. Alvare répond par un refus. Xavier est nonce apostolique : à son ordre, Jean Suarès excommunie le capitaine-major ; mais celui-ci brave l'excommunication, et fait appareiller *la Sainte-Croix* pour Sanctan (Chan-Tchuen-Chan), île située sur la côte de Canton. Xavier se soumet et s'embarque. Arrivé en vue de la Chine, il tombe malade : la fièvre le dévore, et le 2 décembre 1552, à l'âge de quarante-six ans, il expire en jetant un regard d'adieu et de regret sur cette terre promise qui se ferme devant lui.

Le cercueil qui renfermait son corps fut amené à Goa. Partout où la nouvelle de sa mort se répandit, des côtes de la Pêcherie au Japon, sur tous les rivages qu'il avait parcourus, dans toutes les îles de ces mers qu'il avait traversées tant de fois, ce fut un deuil universel, un concert unanime de plaintes et de lamentations. Lorsque *la Sainte-Croix*, qui portait ses restes, rencontrait un vaisseau, des honneurs funèbres étaient rendus à la mémoire du missionnaire : le canon grondait sur les eaux, les bannières flottaient au vent.

Par une nuit sombre et orageuse, le 16 mars 1554, le corps fut descendu sur le rivage, où se pressait une foule éperdue. Le funèbre cortége se mit lentement en marche vers la ville. La lune, déchirant de temps à autre les nuages épais qui couvraient le ciel, mêlait sa lumière argentée aux reflets sinistres et rougeâtres des torches, dont le vent tourmentait la flamme. Deux hommes, chan-

tant les litanies, précédaient le cercueil que soutenaient quatre autres hommes, pliant sous leur précieux fardeau. D'autres suivaient en grand nombre, tête nue; la foule agenouillée priait sur leur passage, et les chants funéraires n'étaient interrompus que par les sanglots de la multitude.

Une bulle d'Urbain VIII, en date du 6 août 1623, plaça François Xavier au nombre des saints.

Les jésuites n'ont pas manqué de raconter à son sujet de prétendus miracles. Dans son histoire de la compagnie de Jésus, Orlandini rapporte sérieusement que :

« Le corps de saint François Xavier fut enterré sous de fortes couches de chaux vive, afin que, les chairs étant plus tôt consumées, on pût emporter les ossements sur le vaisseau qui devait sous peu retourner aux Indes. Deux mois après, le corps fut retrouvé entier, frais et vermeil, exhalant une odeur suave, et sans que les vêtements eussent été endommagés.....

« Le 16 mars 1554, le précieux corps arriva à Goa. Examiné et ouvert, d'après l'ordre du vice-roi, par Cosme Saraïra, médecin très distingué, il fut trouvé parfaitement conservé, et sans qu'il parût aucun vestige d'embaumement ou d'aucun moyen naturel de conservation. »

« En l'année 1612, dit le père Jouvency, le général Claude Aquaviva demanda qu'on apportât de Goa à Rome une relique insigne de Xavier, le bras droit avec lequel le saint avait opéré tant de prodiges. Le corps fut trouvé dans le même état : la chair était molle et flexible comme celle d'un homme vivant; et lorsqu'on détacha le bras, il coula une grande quantité de sang vermeil et pur. On en imbiba un linge, que les pères de Goa envoyèrent à Philippe IV, roi d'Espagne. »

Plus d'un siècle après, ces contes absurdes furent répétés par Alban Butler, dans son ouvrage de la Vie des saints ; et le 1er mars 1768, un prêtre de la congrégation de Saint-Lazare, M. Cicala, écrivait de Goa :

« Pendant les trois jours de carnaval, c'est-à-dire les 10, 11 et 12 février 1782, on a exposé solennellement le corps de saint François Xavier à la vénération de tout le peuple. Il y a eu un si grand concours de toutes les parties de l'Inde pour contempler ce saint corps, qu'on pense que depuis trente ans il n'y en avait pas eu un si considérable..... Le corps du saint est sans la plus légère corruption. La peau et la chair, qui sont desséchées, sont totalement unies avec les os; on voit un beau blanc sur la face ; il ne lui manque que le bras droit, qui est à Rome, et deux doigts du pied droit, ainsi que les intestins. »

Comme les harpies de la Fable, les jésuites gâtent et souillent tout ce qu'ils touchent.

En fait de miracles, nous aimons mieux celui-ci, qui figurerait à merveille dans la collection de M. Dufriche-Desgenettes.

Un jésuite espagnol, en récompense de ses vertus et de sa piété, avait reçu de Dieu le don de faire des miracles. Le saint homme en usait largement; mais son supérieur, qui n'avait jamais pu exorciser le moindre petit démon ou guérir le plus léger rhume, devint jaloux, trouvant que c'était d'un mauvais exemple, et qu'il y avait là une grave infraction à la hiérarchie. Il lui fit défense formelle d'user de cette faculté. Le thaumaturge aurait pu répondre qu'il la tenait de Dieu, et que Dieu seul pouvait la lui retirer; mais il préféra se soumettre, et donner, par respect pour les constitutions de saint Ignace, un exemple édifiant de la vertu d'obéissance. Un jour qu'il se promenait tout désœuvré dans les rues de Madrid, un pauvre diable, que poussait au désespoir la trahison de sa maîtresse, se précipita par la fenêtre de sa chambre. Au moment où il faisait le saut périlleux, le jésuite levait la tête. Dans son premier mouvement, il oublia la défense de son supérieur, et étendit la main droite vers ce malheureux. Celui-ci s'arrêta à moitié chemin, entre ciel et terre, à vingt pieds du sol, les bras et les jambes écartés, et fort intrigué de ce qui lui arrivait. Mais au bout de quelques secondes, la position lui parut gênante : il s'agitait, il se démenait. Vains efforts! il ne remontait ni ne descendait. Pour comble d'infortune, il s'était arrêté à la hauteur de l'appartement de son infidèle, qui demeurait dans la maison en face de la sienne. La belle s'était mise à la croisée, et riait à gorge déployée, et ses éclats de rire augmentaient à chaque contorsion, à chaque grimace de son amoureux.

Le jésuite, presque au repentir de ce qu'il avait fait, se disposait à s'éloigner; mais l'autre l'interpella d'une voix si suppliante, qu'il lui dit :

— Attendez-moi là un instant; je vais au couvent de ***, et je reviens.

Il se rendit en toute hâte vers son supérieur, lui raconta l'événement, s'accusa d'avoir désobéi, et lui demanda la permission d'achever le miracle, jurant qu'à l'avenir il ne s'en mêlerait plus. Le supérieur fut intraitable; l'esprit de corps l'emporta sur la chale cœur arraché et jeté au visage; sa tête séparée du corps fut mise au haut d'une tour, et ses quatre quartiers exposés sur les quatre remparts de la ville.

A la lecture de sa sentence, Gérard manifesta quelque émotion, mais le fanatisme reprit bien vite le dessus; l'espoir du paradis, que les jésuites lui avaient promis, le rendit insensible à la souffrance. Il contempla, d'un œil calme et sec, les préparatifs de cet affreux supplice, et l'endura sans pousser un cri, sans proférer une plainte.

La haine du peuple contre le meurtrier était doublée encore par l'intérêt qu'inspirait la veuve de Guillaume, Louise de Coligny, qui voyait périr son second mari du même genre de mort que son premier époux, le comte de Théligny, et son père, l'amiral de Châtillon, massacrés tous deux à la Saint-Barthélemi. Louise de Coligny reçut des états une pension viagère de vingt mille francs. On éleva à Guillaume, quelques années après sa mort, un mausolée de bronze, où il est représenté assis sur sa tombe; son chien est couché à ses pieds. Ce mausolée existe encore de nos jours dans la principale église de Delft.

Le prince de Parme, qui avait mis sa tête à prix, défendit du moins qu'on fît des réjouissances publiques, craignant, rapporte Grotius dans ses *Annales*, qu'on ne les regardât comme une violation des droits de la guerre, qui ne permettent pas qu'on fasse des feux de joie pour un ennemi assassiné. Mais Philippe II, avouant par là sa participation secrète à cet infâme attentat, accorda des lettres de noblesse à la famille de Gérard. Les jésuites n'eurent pas plus de pudeur que le roi d'Espagne : pendant que les Pays-Bas portaient le deuil de leur héros, ils chantaient les louanges du meurtrier, ils exaltaient son crime et son courage. Le fondateur du collége des jésuites à Louvain, Torrentius, d'abord évêque d'Anvers, ensuite archevêque de Malines, composa une ode latine intitulée : *in laudem Balthazaris Gerardi, fortissimi tyrannicidæ : à la louange de Balthazar Gérard, très-courageux meurtrier d'un tyran*. On publia à Douai, en 1584, in-12 : *le Glorieux et triomphant martyre de Balthazar Gérard, advenu en la ville de Delft*; à Rome, en 1584, in-8° : *Balt. Gerardi Borgondi morte e costanza per* haver animazzato il principe d'Orange; à Bergame, en 1594, in-8° : *Muse Toscane di diversi nobiliss. ingegni per Gherardo Borgognos.*

Ce double assassinat n'est pas le seul attentat commis par les jésuites dans les Pays-Bas. Nous les retrouverons à l'œuvre en 1598, formant un complot pour tuer Maurice, fils de Guillaume. Nous citerons ici, pour mémoire seulement, Guillaume Parry, exécuté en Angleterre le 2 mars 1584, après la découverte d'une conspiration tramée à Venise et à Paris, entre lui et les jésuites Palmyrio et Coldret, contre la vie d'Élisabeth d'Angleterre, ainsi que le jésuite Ballard, condamné à mort en 1586, avec treize complices, pour une tentative de même nature. Arrivons à un fait plus éclatant, et dans lequel la société de Jésus ne peut pas nier sa criminelle participation.

CHAPITRE V

JACQUES CLÉMENT.

—

— Que faites-vous, mon frère? dit Jacques de La Guesle, en arrêtant brusquement son cheval.

— Ce que je vous conseille de faire vous-même, répondit le personnage auquel s'adressait cette interpellation. Je me mets en défense.

Et en même temps il acheva d'armer une paire de pistolets pendus à l'arçon de sa selle, après s'être assuré que la batterie était en bon état.

— Je suivrais votre avis si j'apercevais un danger. Mais depuis que nous avons quitté ma maison de Vanves, et que nous cheminons côte à côte, nous n'avons pas rencontré une seule figure humaine, et j'ai beau regarder, je ne vois rien; la plaine est déserte.

— Ne voyez-vous point là-bas, à droite, sur le chemin qui serpente entre les vignes, un homme qui s'arrête de temps à autre? Tenez, il s'assied maintenant, comme s'il attendait notre arrivée.

— Vous poussez trop loin la défiance, mon frère. C'est quelque pauvre diable que la chaleur du jour accable comme nous, et il est bien permis à celui qui traverse cette plaine à pied de reprendre haleine, quand nous-mêmes nous ne marchons qu'au pas de nos montures.

— N'importe, dit le jeune de La Guesle, tenons-nous sur nos gardes. Nous vivons dans un temps où l'on peut supposer partout un piège et un ennemi.

— Oui ; mais je crois que nous n'avons rien à craindre de ce voyageur. Il prend soin lui-même de nous rassurer, ajouta-t-il en se faisant de sa main gauche un abri contre le soleil. Si je ne me trompe, il vient de se lever, et il se dispose à descendre le ravin. Croyez-moi, nous pouvons continuer notre route et causer en toute sûreté. Plût au ciel que les fidèles serviteurs du roi ne fussent pas exposés à des périls plus sérieux !

En effet, l'homme qu'ils avaient aperçu disparut au bout de quelques pas, non cependant sans avoir retourné la tête de leur côté, et s'être assuré qu'ils se remettaient en marche.

Le plus âgé des deux personnages était, comme nous l'avons dit, Jacques de La Guesle, procureur général au parlement de Paris. Après la journée des Barricades, voyant que la ville était livrée à la faction des ligueurs, et qu'elle ne reconnaissait plus l'autorité du roi, il avait essayé d'en sortir. Mais il avait été reconnu, à l'une des barrières, et conduit à la Bastille. Sa captivité aurait pu être longue, car il était signalé aux rebelles comme un des sujets les plus fidèles d'Henri III. Des circonstances que l'histoire ne rapporte pas l'abrégèrent. Jacques de La Guesle, mis en liberté, se retira dans une maison qu'il possédait à Vanves, et bientôt après il alla retrouver le roi, alors à Saint-Cloud. C'était le 31 juillet 1589 qu'il traversait la plaine de Vanves en compagnie de son frère, nouvellement arrivé de province, et tous deux devisaient sur les affaires du temps.

Jacques de La Guesle reprit la conversation interrompue.

— Comme je vous le disais, mon frère, la haine des ligueurs contre moi a éclaté le jour où, dans le parlement de Paris, je me suis opposé à l'enregistrement de la bulle du pape. Rien ne me fera manquer au serment de fidélité que j'ai fait au roi Henri III ; mais je puis avouer, entre nous, que sa faiblesse, les incertitudes de son esprit, les contradictions de sa conduite, font la force principale de ses ennemis. Le peuple suit toujours ceux qui font preuve d'audace. Le parti des Guises, au lieu de disputer la victoire, serait triomphant aujourd'hui, si le feu duc avait répondu à l'ardeur des siens, et Henri n'assiégerait pas en vain, peut-être, sa capitale, s'il n'avait pas reculé après le coup hardi frappé à Blois.

— Qu'a-t-il donc fait, mon frère? N'est-ce pas une résolution énergique que celle de s'être allié avec le roi de Navarre, avec le chef des huguenots?

— Oui, mais il ne l'a fait que par nécessité, et après avoir mécontenté celui dont il est obligé d'accepter les secours. De protecteur qu'il aurait pu être, il devient protégé. Ses fautes datent de loin. Au lieu de répondre en souverain à l'insolent manifeste du cardinal de Bourbon, Henri n'a parlé qu'en suppliant. Il a ordonné, par un édit accordé aux demandes du duc de Guise, que la religion catholique, apostolique et romaine, serait seule suivie dans le royaume; que les ministres protestants seraient obligés de quitter la France dans le délai d'un mois. Qu'est-il arrivé? c'est que Henri a eu deux ennemis au lieu d'un à combattre : la Ligue, qu'il enhardissait par ces concessions, et les réformés, que la persécution irritait. Henri de Navarre se contentait de la liberté de conscience : on la ravit à ses coreligionnaires, il la réclame à main armée; il se ligue avec le prince de Condé, avec le duc de Montmorency, gouverneur du Languedoc; il publie à son tour un manifeste.

— Henri de Navarre a été excommunié.

— C'est vrai. Mais il a répondu vertement à l'excommunication, en homme qui ne s'en inquiète guère, et il a mis les rieurs de son côté. Henri III, pressé d'argent, comme toujours, en a demandé à la Ligue, qui, au lieu d'écus, lui a fait cadeau d'une bulle de Sixte-Quint, obtenue par un de ses agents les plus actifs, le jésuite Matthieu. Et que porte-t-elle cette bulle, signée par vingt-cinq cardinaux? elle confirme solennellement la Ligue, ce qu'on n'avait pu obtenir de Grégoire XIII. Henri de Navarre a fait afficher à Rome une protestation contre cette excommunication, et chacun a pu lire sur les murs de la ville ces paroles que Pasquin lui-même ne se serait pas permises : « Monsieur Sixte, sauf sa sainteté, en a menti, et lui-même est hérétique, ce que lui, Henri de Navarre, fera prouver en plein concile libre et légitimement assemblé, auquel, s'il ne se soumet, il le tient pour Antechrist, et veut avoir guerre irréconciliable avec lui. » Ce fut alors que le parlement de Paris fit des remontrances au roi sur la bulle du pape, demanda de quel droit il prétendait disposer de la puissance royale établie par Dieu bien avant la papauté, et proposa de la condamner au feu. L'insolence des factieux fut telle, que Henri, après s'être déclaré chef de la Ligue, fit assassiner le duc et le cardinal, double meurtre peut-être nécessaire, mais qu'aurait prévenu plus de fermeté, et qu'aurait dû suivre une détermination prompte et énergique. Au lieu de cela, le roi a cherché à se justifier auprès du pape de s'être défait d'un prince de l'Église, et le pape l'a excommunié.

— Le duc de Mayenne commande en maître dans Paris.

— On lui a laissé le temps d'organiser la résistance sur tous les points.

— Espérons, mon frère, que Dieu accordera sa protection à la bonne cause ; il a déjà déjoué plusieurs complots tramés contre la liberté et la vie du roi.

Jacques de La Guesle sourit en regardant son frère, qui s'étonna de cette marque d'incrédulité, et lui en demanda l'explication.

— Ce que vous dites là est d'un bon catholique, mon frère, reprit le procureur général. Dieu me préserve de jamais nier son intervention dans les choses humaines ! Il inspire à l'un l'obéissance, il souffle à l'autre la révolte ; il protége celui-ci, il abandonne celui-là à ses ennemis : mais nous qui connaissons les ressorts des événements politiques, nous devons tenir compte aussi des instruments qu'il emploie, et que le vulgaire ignore ; nous devons dépouiller certains événements du caractère merveilleux que la foule leur prête. La Ligue a su tous les secrets du conseil du roi ; le roi a déjoué tous les complots de la Ligue, par des moyens purement humains ; une femme et un homme, dont personne ne se défiait, trahissaient tour à tour leur parti.

— Quelle est cette femme, mon frère ?

— Marguerite d'Épinac.

— La sœur de Pierre Épinac, archevêque de Lyon ?

— Oui, la femme de Joachim Malain, baron de Luz.

— Et comment pouvait-elle servir d'espion à la Ligue? comment pouvait-elle abuser de la confiance du roi, elle qui appartient ouvertement au parti contraire?

— Ce sont là justement ces ressorts cachés dont je parlais tout à l'heure. L'archevêque de Lyon a toute influence sur l'esprit de sa sœur, et cette influence, ajouta Jacques de La Guesle en levant les yeux au ciel, n'est pas de celles que la nature et les liens du sang excusent et légitiment : c'est le fruit d'un abominable inceste.

— Je l'avais entendu dire : mais en êtes-vous certain, mon frère ?

— Le souvenir en est consacré par des vers satiriques, et malheureusement trop vrais, qui passeront à la postérité comme le témoignage de la dépravation des mœurs de ce temps.

Jacques de La Guesle rapprocha son cheval de celui de son frère, et, après avoir un instant consulté sa mémoire, il récita à voix basse les vers suivants :

> Je suis né de l'inceste, et dès mon premier âge,
> J'ai de ma belle-sœur abusé longuement ;
> Puis avecque ma sœur je couche maintenant,
> Ayant pour cet effet rompu son mariage.
> Toutefois, père saint, j'ai grande confiance,
> Qu'ayant exécuté ma résolution
> D'employer vie et biens pour la sainte union,
> Le mérite est plus grand que n'est grande l'offense.

— Soyez sûr qu'on n'a calomnié ni l'archevêque ni sa sœur. Marguerite d'Épinac a pour fils Edme de Malain, qui, désertant en apparence les opinions et les sentiments de sa mère et de son oncle, s'était insinué dans l'esprit du roi. Henri l'aimait à tel point que c'est à sa prière et à son crédit que Pierre d'Épinac a dû de ne pas être frappé comme le duc et le cardinal de Guise [32]. Tout est découvert maintenant; mais il est trop tard pour réparer le mal.

— Il l'a été d'une autre manière. Comment nommez-vous l'homme qui de son côté livrait à Henri les secrets de la Ligue?

Jacques de La Guesle, avant de répondre, regarda autour de lui pour s'assurer que personne n'était proche d'eux et ne pouvait les entendre. Ils étaient arrivés à une cinquantaine de pas environ du ravin où ils avaient vu descendre le voyageur qui quelque temps auparavant avait attiré leur attention.

— Vous saurez donc, dit le procureur général, que le 2 janvier 1585, après que la Ligue, dont le premier manifeste remonte à l'année 1576, eut été officiellement conclue, Jean Leclerc, procureur en la cour du parlement, et Georges Michelet, sergent à verge au Châtelet de Paris, se rendirent chez Nicolas Poulain, lieutenant de la prévôté de l'Ile-de-France, et qu'après s'être assurés de ses dispositions, ils lui offrirent...

— Silence! mon frère; quelqu'un est là près de nous.

Ils arrêtèrent tous deux leurs chevaux et mirent la main sur leurs armes.

En même temps ils virent se lever, à droite des vignes qui bordaient le chemin, un jeune homme portant le costume des religieux de l'ordre de Saint-Dominique, qui ne parut nullement surpris à leur aspect, et qui s'inclina devant eux.

Pendant que le procureur général et son frère examinaient cet inconnu, qui était pâle, maigre, et dont les regards brillaient d'un feu sombre; celui-ci, se découvrant, leur dit :

— Pouvez-vous m'apprendre, messeigneurs, si je suis encore loin de Saint-Cloud?

— Vous avez encore pour une heure de marche, répondit Jacques. N'est-ce pas vous que nous avons aperçu de loin?

— C'est moi, sans doute; car je n'ai vu personne passer par ce chemin.

— Pourquoi vous êtes-vous arrêté ici?

— Pour me reposer. La fatigue et la chaleur avaient épuisé mes forces.

— Mais vous sembliez nous attendre. Plusieurs fois nous vous avons vu retourner la tête de notre côté.

— Je vous attendais en effet, pour vous demander si je suivais la bonne route. C'est la première fois que je traverse cette plaine.

— Oui, vous êtes dans le bon chemin jusqu'à présent.

— Et plus loin? demanda le jeune moine.

— Plus loin, il s'en offrira deux à vous. Vous pourrez vous tromper.

— Je ne me tromperai pas, si vous voulez bien me donner les renseignements nécessaires.

— Êtes-vous décidé, pour les obtenir, à répondre à mes questions, à subir un interrogatoire en règle? Nous vivons dans un temps où l'on ne saurait prendre trop de précautions.

— Je n'ai rien à cacher, répondit le jeune homme, et je satisferai votre curiosité, sans même vous demander qui vous êtes.

— Je vous le dirai cependant: je me nomme Jacques de La Guesle, procureur général au parlement de Paris, et la personne qui m'accompagne est mon frère.

Le moine s'inclina de nouveau avec respect.

— Je ne m'étais pas trompé, se dit-il tout bas.

Il releva la tête, et attendit, avec une apparente simplicité assez bien jouée pour défier le regard le plus exercé, que son interlocuteur reprît la parole.

— Quel est votre nom?

— Je m'appelle Jacques Clément.

— Votre pays?

— Je suis né au village de Sorbon, en Champagne, à une lieue de Rethel.

— Vous êtes bien jeune encore.

— J'ai vingt-trois ans.

— Qui vous a engagé à embrasser la vie religieuse?

— Mes sentiments naturels de piété.

— Qu'allez-vous faire à Saint-Cloud?

— Parler au roi.

— Le roi vous connaît-il?

— Il ne m'a jamais vu, et selon toute apparence, il ne me verra que cette fois.

— Comment espérez-vous être introduit auprès de lui?

— Quand il saura qui m'envoie, j'espère qu'il consentira à me recevoir.

— Vous êtes chargé d'un message?

— Je dois lui remettre deux lettres écrites par deux de ses plus fidèles sujets.

— Qui sont-ils?

— Le premier président Achille de Harlay, et le beau-frère du duc d'Epernon, le comte de Brienne.

— Le premier président et le comte sont tous deux prisonniers de la Ligue.

— On me l'a dit, monseigneur; moi, je l'ignorais.

— Comment alors êtes-vous porteur de ces lettres?

— Elles m'ont été données hier par un de leurs serviteurs, en secret, et on y a joint ce passe-port signé par le comte.

Il présenta à Jacques de la Guesle un papier qui recommandait à la protection de tous les partisans de Henri le frère Jacques Clément.

Ce passe-port (dont l'original existe aux manuscrits de la bibliothèque Royale) était ainsi conçu :

« Le comte de Brienne et de Ligny, gouverneur et lieutenant général pour le roi à Metz et pays messin;

« Nous, gouverneurs, leurs lieutenants, capitaines, chefs et conducteurs de gens de guerre, tant de cheval que de pied, à tous ceux qu'il appartiendra, salut. Nous vous prions et requérons vouloir sûrement et librement laisser passer et repasser, aller, venir et séjourner *frère Jacques Clément*, jacobin, natif de la ville de Sens, sous Bourgogne, de présent étudiant en cette ville de Paris, s'en allant en la ville d'Orléans, sans lui donner ni permettre qu'il lui soit donné aucun empêchement, mais lui donner toute la faveur, aide et assistance qu'il vous requerra, et en cas semblable, nous ferons le semblable en votre endroit. Ecrit au château du Louvre, à Paris, le vingt-neuvième jour de juillet 1589.

« CHARLES DE LUXEMBOURG.

« *Par monseigneur* :
« DE GORSE. »

Le procureur général lut avec attention ce passe-port, en reportant de temps à autre ses regards sur le moine, qui restait impassible et dans la même attitude.

— Que contiennent vos lettres? dit-il après un moment de silence. Quel avis donne-t-on au roi?

— Je ne le sais pas plus, monseigneur, que le cheval qui vous porte ne sait vos secrets. Ce n'est pas à moi, pauvre serviteur de Dieu, inconnu et perdu dans la foule, qu'on ferait de semblables confidences. On m'a dit hier de partir ce matin : j'ai prié Dieu toute la nuit de bénir mon voyage, d'écarter de moi les périls, non pour moi qui mourrais en état de grâce, je l'espère, mais pour le bien de celui que je vais trouver. J'ai pris ce chemin, parce que, de ce côté, la campagne est libre de troupes; et, puisque le hasard a voulu que je vous rencontrasse, monseigneur, vous ne me refuserez pas, sans doute, la protection et l'assistance que je vous demande au nom du comte de Brienne.

— Que puis-je faire pour vous? dit Jacques de La Guesle, chez lequel un sentiment de bienveillance avait remplacé peu à peu la première impression de défiance qu'avait fait naître en lui cette rencontre.

Jacques Clément répondit :

— Permettez-moi d'abord de vous accompagner : je marcherai

devant ou derrière vous, monseigneur, à une assez grande distance pour ne pas gêner votre conversation; et ensuite, lorsque je serai arrivé à Saint-Cloud, obtenez pour moi une audience du roi. On m'a recommandé de le voir le plus tôt possible.

— Vous êtes fatigué ; montez en croupe derrière mon frère.

Celui-ci adressa au procureur général un regard qui semblait lui reprocher sa confiance; mais, sur une nouvelle injonction, il se prêta à ce désir.

Jacques Clément, après avoir remercié, prit la place qu'on lui offrait. Ils se remirent en marche, les deux frères silencieux, ou n'échangeant que des paroles insignifiantes ; le moine, récitant à voix basse les grains de son chapelet.

Peu de temps après, ils arrivèrent à Saint-Cloud, où Henri III logeait dans la maison de Gondi, évêque de Paris.

Lorsque la Ligue éclata, il y avait déjà longtemps que le cardinal de Lorraine en avait conçu le projet ajourné par sa mort, arrivée le 26 décembre 1574. Deux ans après, il se tint à Rome un conseil secret, dont l'objet était de détruire la race des Valois et la lignée de Hugues Capet; d'abolir les libertés de l'église gallicane, et de faire passer la couronne au duc de Guise, comme descendant de Charlemagne. Une généalogie de la maison de Lorraine avait été préparée et répandue dans le public : on peut la lire dans l'histoire de Henri III, de Varillas. C'était cette même année 1576 que Henri III avait accordé aux huguenots liberté entière pour l'exercice de leur religion. Il avait été amené à ces concessions par la crainte des progrès que faisait la cause des réformés. Le duc d'Alençon s'était éloigné de la cour, demandant qu'on lui donnât une augmentation d'apanage. Le roi de Navarre, suivant son exemple, protestait contre la profession de foi catholique qu'il avait faite après la Saint-Barthélemi, et avait entraîné dans son parti le maréchal de Damville. Le projet d'union dans l'esprit des Guises était une représaille. On y proposait :

D'exciter une révolte générale dans tout le royaume, au moyen des prédicateurs, et d'abolir ensuite les prêches ;

De donner au roi le conseil de laisser au duc de Guise le soin de réprimer ces troubles ;

De faire dresser par les curés des listes de tous les individus capables de porter les armes ;

De convoquer les états et de diriger leurs délibérations par des affidés ;

De faire persuader par la reine mère au duc d'Alençon, au roi de Navarre et au prince de Condé, de revenir auprès du roi, de prendre part à la convocation des états, pour éviter d'être déclarés rebelles : en même temps, on devait les rassurer par l'éloignement momentané du duc de Guise ;

De faire faire, un peu avant la tenue des états et dans le plus grand secret, par les capitaines des paroisses, la revue de leurs hommes, et de les préparer à se rendre partout où le chef de la Ligue les enverrait ;

Après l'assemblée des états, de faire jurer par le chef et par tous les membres de la Ligue d'observer les conventions prises, et d'obliger les communautés à contribuer aux frais ;

Pour abolir la succession introduite par Hugues Capet, de faire ordonner que tout prince, seigneur ou gentilhomme qui s'opposerait à l'exécution de ce dessein, serait déclaré incapable de succéder à la couronne, les autres dégradés de leurs dignités, punis par la confiscation de leurs biens, par la mort, avec récompense à ceux qui les tueraient ;

De faire renouveler par les états le serment dû au pape, et de vivre et de mourir en la foi du concile de Trente, annulant et révoquant tous édits faits contre les conciles, observant tous ceux relatifs à l'extirpation de l'hérésie, relevant le roi de toutes promesses faites aux hérétiques, auxquels on assignera un temps pour se présenter par-devant les magistrats ecclésiastiques ;

De supplier le roi de nommer un lieutenant général pour faire exécuter ce dessein, et de choisir pour cette mission le duc de Guise ;

De remontrer au duc d'Alençon la faute qu'il a commise en abandonnant le roi son frère, en se joignant aux hérétiques, en se déclarant leur chef, en exigeant un apanage excessif, ce qui, étant un crime de lèse-majesté divine et humaine au premier chef, qu'il n'est pas en la puissance du roi de remettre et de pardonner, les états requerront que juges lui soient donnés pour connaître de ce crime ;

Au jour de la convocation des états de faire paraître les forces assemblées, pour exécuter leur résolution, se saisir du frère du roi et de ceux qui l'auront suivi dans son entreprise : en même temps, de faire mettre aux champs les capitaines des paroisses avec le reste de leurs forces, faire courir sus aux hérétiques, leurs associés, adhérents et amis, tant au plat pays que dans les villes, les passer au fil de l'épée, et confisquer leurs biens pour être employés aux frais de la guerre ;

Le duc de Guise étant devenu le maître, il fera mettre à feu et à sang tous les lieux où il trouvera de la résistance, affamant les places forces, en faisant un dégât général, et les enfermant par de petits forts, sans s'amuser à les assiéger;

Il fera faire une punition exemplaire du duc d'Alençon et de ses complices, et, par l'avis et la permission de Sa Sainteté, il fera enfermer le roi et la reine dans un monastère, ainsi que Pépin avait fait pour Childéric ; et, par ce moyen, il réunira le temporel de la couronne à celui qu'il possède du reste de la succession de Charlemagne : pour quoi, il fera que le saint-siége sera pleinement reconnu par les états, sans restriction ni modification, en abolissant les libertés de l'Eglise gallicane ; ce qu'il devra jurer et promettre avant toutes choses.

On voit par cette pièce curieuse, rapportée dans le premier volume des mémoires de la Ligue et dans les remarques sur la satire Ménippée, qu'il ne s'agissait de rien moins que d'une seconde Barthélemi. La religion était le prétexte dont se servait l'ambition du duc de Guise, et le projet d'enfermer Henri III dans un monastère était publiquement avoué. On avait gravé sur l'horloge du palais ce vers latin en l'honneur de Henri, faisant allusion à sa royauté de Pologne :

Qui dedit ante duas triplicem dabit ille coronam.
Celui qui lui a donné deux couronnes, lui donnera la troisième.

Le parti des Guises y répondit par ce distique, affiché sur les murs de Paris :

Qui dedit ante duas, unam abstulit, altera nutat,
Tertia tonsoris nunc facienda manu.

Celui qui lui a donné deux couronnes lui a enlevé la première ; la seconde chancelle ; la troisième maintenant sera faite par la main du barbier.

Ces insolences et ces révoltes n'étaient point réprimées. De tout temps, d'ailleurs, la satire et les épigrammes ont été du goût du peuple de Paris. Les dépenses excessives et les mœurs dissolues de Henri III avaient fait de lui un objet de mépris. Cette même année 1576, on murmurait contre les mignons : on publiait contre eux, le 25 juillet, un poëme en quinze strophes, intitulé : Les vertus et les propriétés des mignons. On lisait avidement, on s'arrachait ce petit écrit, où l'on retrouve, en vers spirituels et mordants, la description pittoresque du costume des favoris. C'est à ces sources obscures, que dédaigne et néglige trop souvent la gravité de l'histoire, qu'il faut puiser pour connaître la véritable physionomie d'une époque. Les détails expliquent l'ensemble. On comprend les grands événements, les grands résultats politiques, par les faits particuliers.

> Leur parler et leur vestement
> Se void tel qu'une honneste femme
> Auroit peur d'en recevoir blasme,
> En usant si lascivement.
> Leur œil ne se tourne à son aise
> Dedans le repli de leur fraise ;
> Desjà le tourment n'est plus bon
> Pour l'empois blanc de leur chemise,
> Et fault pour façon plus exquise,
> Faire de ris leur amidon.

> Leur poil est tondu par compas,
> Et non d'une façon pareille ;
> Car en avant depuis l'oreille
> Il est long, et derrière bas.
> Se tiennent droits par artifice,
> Et une gomme les hérisse
> Ou retord leurs plis refrisés ;
> Et dessus leur tête légère
> Un petit bonnet par derrière
> Les rend encore plus desguisés...

> Et pour pouvoir mieux contenter
> Leur jeu, leur pompe, leur bombance,
> Et leur trop prodigue despense,
> Il faut tous les jours inventer
> Nouveaux imposts, nouvelles tailles,
> Qu'il fault du profond des entrailles

Des pauvres subjets arracher,
Qui traînent leurs chétives vies
Sous la griffe de ces harpies
Qui avalent tout sans mascher.

C'était en vain que Henri III, pour se faire pardonner ses scandaleux désordres, multipliait les actes de dévotion, et qu'il «alloit à pied par les rues de Paris, rapporte le journal de l'Etoile, gaingner le pardon du jubilé envoié en France par le pape Grégoire XIII, accompagné de deux ou trois personnes seulement, et tenant en

sa main de grosses patenostres, les alloit disant et marmonnant par les rues : on disoit que ce faisoit-il par le conseil de sa mère, afin de faire croire au peuple de Paris qu'il estoit fort dévotieux catholique, apostolique et romain. Mais le peuple de Paris (encore qu'il soit fort aisé de lui imposer, principalement en telles matières où il y va de la religion) n'en fit point de cas autrement, et furent les vers suivants, en forme de pasquil et de quolibet, affichés et semés par les rues :

> « Le roy pour avoir de l'argent
> A fait le pauvre et l'indigent
>   Et l'hypocrite.
> Le grand pardon il a gaigné ;
> Au pain, à l'eau, il a jusné
>   Comme un ermite.
> Mais Paris qui le cognoist bien,
> Ne lui voudra plus prêter rien
>   A sa requeste ;
> Car il en a jà tant presté,
> Qu'il a de lui dire arresté :
>   Allez en queste. »

Ces momeries étaient appréciées à leur juste valeur. Raillées en vers, elles l'étaient également en prose, et on pouvait lire sur tous les murs de la capitale, imprimés en gros-canon, LES TILTRES DONNÉS AU ROY PAR LE PEUPLE DE PARIS :

« Henry, par la grâce de sa mère, incert roy de France et de Polongne imaginaire, concierge du Louvre, marguillier de Saint-Germain-de-l'Auxerrois et de toutes les églises de Paris, gendre de Colas (il avait épousé la fille de Nicolas de Vaudemont, cadet de Lorraine), gauderonneur des collets de sa femme et frizeur de ses cheveux (il se plaisait à arranger les collets de la reine et à friser lui-même ses cheveux), mercier du palais (une de ses occupations était d'examiner ses bijoux, de les changer, et de leur faire donner une forme nouvelle), visiteur des estuves, gardien des Quatre-Mendiants (il visitait souvent les couvents de ces religieux), père conscript des Blancs-Battus, etc., etc. (il était prieur de la confrérie des Pénitents blancs, et protecteur des Caputtiers.) »

Néanmoins, le projet d'union ne fut mis à exécution que quelques années après ; et, selon certains témoignages historiques, les fondements en furent posés par des hommes obscurs alors, et non par ceux qui plus tard dirigèrent l'entreprise.

La Ligue joue un si grand rôle dans l'histoire de cette époque, qu'il est intéressant de savoir de quelle manière elle fut formée, et quels furent ceux qui en jetèrent les bases.

Les premiers qui se liguèrent furent : Rocheblonde, bourgeois de Paris, appartenant à une ancienne famille; Jean Prévost, curé de Saint-Séverin, Jean Boucher, curé de Saint-Benoît; Mathieu de Launnoy, chanoine de Soissons. Ceux-ci en attirèrent d'autres, et en choisirent seize qu'ils distribuèrent dans les seize quartiers de la ville, pour veiller à l'avancement de la Ligue, ne se communiquant à personne avant d'avoir examiné sa vie, ses mœurs, et éprouvé sa fidélité.

Les seize premiers qu'ils s'adjoignirent furent : La Bruyère, lieutenant particulier du Châtelet; Cruce, procureur; Bussy Le Clerc, procureur; Louchard, commissaire; de La Morlière, notaire; Senault, commis au greffe du parlement; de Bart, commissaire; Drouart, avocat; Aleveguin; Emonot, procureur; Jablier, notaire; Messier; Passart, colonel; Oudineau, prétendant à la charge de prévôt de l'Hôtel; Letellier et Morin, procureurs au Châtelet [33].

Le 12 août 1391, Pierre Fortet, chanoine de l'Église de Paris, fonda, par son testament, un collége pour un principal et huit boursiers, dont quatre d'Aurillac et quatre de Paris. Il mourut le 24 avril 1394. Il avait destiné à la fondation du collége sa maison *des Caves*, située au coin de la rue des Cordiers qui aboutit à la rue Saint-Jacques; mais le chapitre de Paris, n'ayant pas trouvé le lieu commode, acheta, par contrat en date du 26 février 1397, de Louis de Listenois, seigneur de Montaigu, une autre maison dans la rue des Sept-Voies. Le nombre des boursiers fut successivement porté à dix-huit, au moyen de quatre fondations de bourses nouvelles : deux, le 10 mai 1558, par Jean Beauchesne, grand vicaire de l'Église de Paris et secrétaire du chapitre ; deux, le 23 août 1578, par Nicolas Wattin, prêtre du diocèse de Noyon, ancien principal du collége; quatre, le 14 août 1612, par Claude Croisier, prêtre du diocèse de Clermont en Auvergne, ancien principal; deux, le 29 juillet 1721, par Jean Gremiot, prêtre du diocèse de Besançon. La diminution des revenus du collége, causée par le prix toujours croissant des choses nécessaires à la vie, obligea de supprimer les deux bourses fondées par Beauchesne. Le collége Fortet n'était distingué des autres maisons de la rue des Sept-Voies que par l'inscription latine placée au-dessus de la porte, et qui rappelait la date de la fondation et le nom du fondateur. On y avait joint quelques portions des hôtels de Marly et de Nevers. Nous avons donné ces détails succincts sur un établissement dont il ne reste plus de traces aujourd'hui, parce que ce fut au collége Fortet que se tint une des premières assemblées de la Ligue, au nombre de quatre-vingts ou quatre-vingt-cinq personnes[34].

Aux individus désignés ci-dessus, se joignirent bientôt des personnes de haute qualité, mais qui craignaient de se compromettre et se contentaient d'agir sous main. Cependant, ils sentaient tous le besoin d'un protecteur et d'un chef, et ce chef ne pouvait être qu'un prince. Ils offrirent le commandement au duc de Guise, quoique d'abord il leur parût d'un esprit trop pesant et trop grossier pour conduire à bien une affaire si délicate, si compliquée, si hérissée de difficultés de toute sorte. Ils changèrent bientôt d'opinion, et furent convaincus qu'il était aussi habile négociateur que vaillant capitaine.

Ces fondements jetés, les ligueurs envoyèrent un certain nombre de bourgeois actifs et entreprenants dans les provinces et les principales villes du royaume, pour gagner des partisans à leur cause.

Un événement imprévu servit leurs projets, et les rendit en quelque sorte légitimes au moins dans l'avenir. Le 10 juin 1584, le duc d'Alençon mourut à trente et un ans, à Château-Thierry, d'un flux de sang et d'une fièvre lente. Cette mort semblait devoir être avantageuse à Henri III, dont le duc était l'héritier immédiat. Elle le délivrait d'un compétiteur révolté contre lui, qui possédait en apanage une grande partie de la France, et qui était roi par le fait, puisqu'il avait sa chambre des comptes à Tours, son échiquier à Alençon, qu'il jugeait souverainement au civil et au criminel dans son duché, et qu'il proposait au pape par le roi ceux qu'il nommait aux évêchés et aux abbayes. Le frère ne devait pas non plus regretter son frère. Ce n'était pas seulement la politique qui avait semé la discorde entre eux : des intrigues d'amour les avaient divisés. « Ils se rencontrèrent à aimer mêmes beautés, dit Matthieu ; l'un des cœurs voulut desloger l'autre, et ne pouvant souffrir des compagnons en amour, non plus qu'en l'autorité, ils changèrent les affections de frères en haines et dépits implacables. » Cette haine était si grande, qu'au rapport de Péréfixe, Henri III chargea un jour le roi de Navarre de tuer le duc d'Alençon.

Mais la destinée de Henri III, pressé entre deux partis qui le dominaient tour à tour, était telle que ce qui le sauvait d'un côté le perdait de l'autre. Si le duc eût vécu, tout prétexte plausible eût manqué aux ligueurs. L'usurpation projetée par la maison de Guise n'aurait eu d'autre excuse que la victoire : la mort du duc d'Alençon lui ouvrait le chemin du trône.

Dès l'année suivante, le cardinal de Bourbon, les ducs de Guise, de Mayenne, d'Aumale et d'Elbeuf, se transportèrent à Péronne, suivis de plusieurs seigneurs, gentilshommes et officiers de l'armée, et d'un si grand nombre de gens de toute sorte, qu'on comptait jusqu'à trente-cinq mille hommes en état d'attaquer et de se défendre. Le 31 mars, on rédigea un manifeste au nom du cardinal de Bourbon, des princes du sang et des autres princes, prélats et officiers de la couronne. Mais quelques-uns des ligueurs, plus sensés que les autres, firent observer qu'il ne suffisait pas d'écrire, qu'il fallait prendre les armes. Le duc de Guise hésitait ; il disait que si une fois on tirait l'épée contre le roi, il fallait jeter le fourreau à la rivière. Néanmoins, il se rangea à l'avis de la majorité.

Trois sortes de personnes s'engagèrent dans cette Ligue : les uns, parce qu'ils étaient amis et serviteurs de la maison de Guise ; les autres, parce qu'ils étaient mécontents du roi et du gouvernement, où ils ne trouvaient pas leur compte ; les autres enfin, parce qu'ils voulaient de bonne foi la conservation de la religion catholique et la destruction de l'hérésie.

Les personnes de marque qui entrèrent dans la Ligue furent : le duc de Mayenne, frère puîné du duc de Guise ; Charles de Lorraine, duc d'Aumale, fils de Claude II de Lorraine ; Philippe-Emmanuel de Lorraine, duc de Mercœur, fils de Nicolas, comte de

Vaudemont; Charles, duc d'Elbeuf, fils de René, marquis d'Elbeuf, petit-fils de Claude de Lorraine, premier duc de Guise; Jacques de Savoie, duc de Nemours. Mais ce dernier n'y prit qu'une part peu active.

Le marquis de Saint-Sorlin, le comte de Chaligny; les ducs de Joyeuse, père et fils; le baron de la Châtre, depuis maréchal de France; l'amiral de Villars-Brancas, le vicomte de Tavannes, le baron de Luz, Balagny, seigneur souverain de Cambrai; le baron de Medavy, le marquis de Meignelay, le marquis de Belle-Isle, le marquis de Villars, le seigneur de Vins, le comte de Randam, le seigneur de Flavacour, le marquis de Saveuse Tiercelin, le seigneur de Méneville; le comte de Brissac, depuis maréchal de France; le marquis de Bois-Dauphin, depuis maréchal de France; le marquis de Bélin, le marquis de Rosne, le capitaine Saint-Paul; le seigneur d'Effiat, gentilhomme d'Auvergne; le marquis de Canillac, les sieurs de Montbrault et Hautefort; du Gossoy, Contenan, Villersoudan, le comte de Martinengue en Provence; et d'autres qui tenaient en gouvernement les villes de Paris, Orléans, Chartres, Meaux, Crespy, Pierrefons, Corbeil, Melun, Saint-Denis, Pontoise, Creil, Clermont, Rouen, Louviers, Mantes, Vernon, Lisieux, Pont-Audemer, le Havre de Grâce, Honfleur, Evreux, Fougères, Falaise, Argentan, Montivilliers, Amiens, Abbeville, Soissons, Laon, Reims, Troyes, Vitry, Château-Thierry, Dijon, Châlon-sur-Saône, Mâcon, Grenoble, Aix, Marseille, Carcassonne, Narbonne, Bourges, Le Mans, Toulouse, Clermont en Auvergne, Montferrand, Saint-Porcin, Issoire, Nantes, Vannes, Quimperlé, Agen, Périgueux et Lyon, vaste réseau qui sur tous les points embrassait la France.

Les prélats et ecclésiastiques qui entrèrent dans la Ligue furent : le cardinal de Bourbon, le cardinal de Pellevé, le cardinal de Givry; l'évêque de Clermont, depuis Cardinal de la Rochefoucault; de Bérulle, depuis général de l'Oratoire et cardinal; Pierre d'Épinac, archevêque de Lyon; Geoffroy de la Martonnie, évêque d'Amiens; Emar Hennequin, évêque de Rennes; Jérôme Hennequin, évêque de Soissons; Geoffroi de Saint-Belin, évêque de Poitiers; de Villars, évêque d'Agen; Guillaume Rose, évêque de Senlis; Louis de Brézé, trésorier de la Sainte-Chapelle et évêque de Meaux; Gilbert

Genebrard, moine bénédictin, docteur et professeur, archevêque d'Aix; Simon Vigor, curé de Saint-Paul, depuis archevêque de Narbonne; Claude de Saintes, chanoine régulier, depuis évêque d'Évreux.

Les théologiens furent : André Duval, depuis doyen de la Faculté; le Petit Benoît, Jean Boucher, Jacques Gallemand, Philippe de Gamaches, Maucler, de Creil, Lucain; Pigenat, curé de Saint-Nicolas-des-Champs; Aubéry, curé de Saint-Jacques-la-Boucherie; Cueilly, curé de Saint-Germain-l'Auxerrois; Hamilton, curé de Saint-Côme, ; Guincestre ou Lincestre, curé de Saint-Gervais; les PP. Hugonis, Feuardent et Garinus, cordeliers; le P. Bernard, dit le petit Feuillant; le P. Bossu, moine de Saint-Denis en France, le P. Commelet, jésuite, et ceux de sa compagnie.

Les gens de robe furent: Versoris, Choppin, le Petit d'Orléans, Fontanon, Ménager, de Caumont, le Gresle; Hameline, avocats; Acarie, maître des comptes; de Manœuvre, Hennequin; Crosme, conseiller au grand conseil; la Chapelle Marteau, l'élu Roland, le trésorier Olivier, Auroux et plusieurs autres [55].

La Ligue était divisée en deux factions, l'une appelée la Ligue française, l'autre la Ligue espagnole. La première était composée de ceux qui voulaient un roi catholique et de la race royale, et qui consentaient à reconnaître Henri de Navarre pour roi de France, pourvu qu'il embrassât la religion romaine. La seconde, moins nombreuse, voulait un roi catholique, bien qu'étranger, à condition qu'il serait assez puissant pour soutenir et faire triompher le parti.

La Ligue française l'emporta, et le 28 juin 1593, le parlement de Paris rendit un arrêt mémorable, rapporté dans les mémoires de la Ligue, et qui ne fut pas sans influence sur l'abjuration de Henri de Navarre.

Voici cet arrêt :

« Sur la remontrance cy-devant faite par le procureur du roy, et la matière mise en délibération, la cour, toutes les chambres assemblées, n'ayant, comme elle n'a jamais eu d'autre intention que de maintenir la religion catholique, apostolique et romaine en l'estat et couronne de France, sous la protection d'un roi très-chrétien, catholique et françois : a ordonné et ordonne que remontrances seront faites cette après-disnée par M. le président le Maistre, assisté d'un bon nombre de conseillers de la dite cour, à monsieur de Mayenne, lieutenant général de l'estat et couronne de France, en la présence des princes et officiers de la couronne, estans de présent en cette ville, à ce que aucun traitté ne se fasse pour transférer la couronne en la main de princes ou princesses étrangers, que les loix fondamentales de ce royaume soient gardées et les arrests donnés par la dite cour pour la déclaration d'un roy catholique et françois soient exécutés, et qu'il ait à employer l'authorité qui lui est commise pour empescher que sous le prétexte de la religion la couronne ne soit transférée en main étrangère contre les loix du royaume, et pourvoir le plus promptement que faire se pourra au repos du peuple pour l'extrême nécessité en laquelle il est réduit; et néantmoins dès à présent, a déclaré et déclare tous traittez faicts, et qui se feront ci-après, pour l'établissement d'un prince ou princesse étranger, nuls et de nul effect et valeur, comme faicts au préjudice de loy salique et autres loix fondamentales du royaume de France. »

Il semble qu'une faction aussi formidable, qui, outre ses partisans avoués, en comptait un grand nombre de secrets, devait triompher aisément du faible Henri III, soit par violence, soit par surprise. Comment put-il pendant plusieurs années échapper aux dangers sans cesse renaissants qui le menaçaient? C'est ce que Jacques de la Guesle était sur le point d'expliquer à son frère, lorsqu'il fut interrompu par la rencontre de Jacques Clément. Pendant que tous trois voyagent vers Saint-Cloud, nous allons reprendre ce récit, fondé sur d'incontestables témoignages historiques.

Le 2 janvier 1585, Jean le Clerc, procureur au parlement de Paris, et Georges Michelet, sergent à verge au Châtelet, étaient venus trouver Nicolas Poulain. Après lui avoir parlé de plusieurs affaires et lui avoir montré en perspective une fortune à gagner, s'il voulait servir leurs projets, ils s'étaient ouverts à lui; une seconde conférence avait eu lieu le lendemain au logis de Leclerc, qui, ne pouvant plus douter des bonnes dispositions du lieutenant de la prévôté, lui donna rendez-vous poura le 4 janvier.

Pendant les dernières heures de la nuit la porte du logis de Jean le Clerc, situé dans la rue des Juifs, s'était ouverte sans bruit à plusieurs reprises ; un certain nombre d'individus, la figure cachée sous des chapeaux à larges bords, enveloppés de manteaux destinés autant à les protéger contre les regards indiscrets que contre le froid et la neige, s'y étaient rendus successivement de divers quartiers de la ville, et étaient réunis dans une chambre éclairée par la lumière douteuse d'une lampe. La conversation était vive et animée entre eux : autant ils avaient pris de précautions pour entrer, autant ils parlaient en liberté, certains que le bruit de leurs voix ne pouvait être entendu du dehors et les trahir. Mais tout à coup ils firent silence. Une horloge sonna six heures, et lorsque le dernier tintement eut cessé de vibrer, un d'eux dit en s'adressant au maître du logis :

— Notre nouvelle recrue devrait être arrivée.

Au même instant on entendit frapper à la porte de la rue trois coups espacés également.

— C'est celui que nous attendons, dit Jean le Clerc : vous voyez qu'il est exact. Préparez, mon père, ajouta-t-il en s'adressant à un jésuite qui jusque-là s'était fait remarquer entre tous les assistants par son éloquence furibonde, préparez l'Evangile et le crucifix.

Il sortit de la chambre, descendit rapidement l'escalier tortueux, et appliquant sa bouche au trou de la serrure :

— Qui est là ? demanda-t-il.

On répondit à cette demande par la citation d'un quatrain satirique composé quelque temps auparavant, à l'époque où Henri III avait institué une confrérie de pénitents dans laquelle il avait fait entrer ses mignons, et qui était resté dans la mémoire du peuple de Paris.

> Après avoir pillé la France,
> Et tout son peuple despouillé
> Est-ce pas belle pénitence
> De se couvrir d'un sac mouillé.

La porte s'ouvrit à l'instant. Jean le Clerc prit par la main le nouveau venu, et dirigea sa marche dans l'obscurité. Arrivés au deuxième étage, ils s'arrêtèrent dans une chambre qui précédait celle où se tenait le conciliabule; le Clerc dit à Nicolas Poulain :

— Vous vous rappelez nos conventions : vous devez être introduit avec un bandeau sur les yeux.

— Faites, répondit le lieutenant de la prévôté.

Quand il eut les yeux bandés, il entra.

Un profond silence se fit à son aspect.

— Messieurs, dit le Clerc, voici l'allié dont je vous ai parlé, maître Nicolas Poulain, homme prudent, discret, en même temps qu'homme d'exécution. Soumettez-le à l'épreuve et au serment exigés de chacun de nous.

Jean le Clerc alors alla prendre place parmi les autres assistants assis autour de la chambre ; Nicolas Poulain resta debout au milieu. Après quelques secondes d'un nouveau silence, le jésuite Jean Guignard, régent et bibliothécaire du collége de Clermont, s'avança vers lui, et d'une voix lente et solennelle :

— Nicolas Poulain, savez-vous pourquoi on vous a donné rendez-vous dans cette maison?

— Pour y conférer des affaires de la sainte Ligue.

— Êtes-vous prêt à vous y adjoindre de cœur et d'âme?

— Si ce n'était pas mon intention, je ne serais pas venu.

— Savez-vous pourquoi on a fait choix de vous?

— Je l'ignore. Jusqu'à présent, je n'avais dit à personne ma façon de penser.

— Quelque chose qu'on vous demande, l'accomplirez-vous?

— Si je le puis.

— Jurez donc sur cette bible et sur ce crucifix que vous détestez Henri de Valois, usurpateur de la couronne de France au détriment de la race de Charlemagne, et que vous ne révélerez à qui que ce soit aucune des paroles que vous avez entendues et que vous allez entendre.

Nicolas Poulain étendit les mains devant lui, et rencontra l'Évangile et la croix ; mais au moment de prononcer le serment qu'on lui demandait, il sembla se consulter et se recueillir.

Un des assistants se pencha vers Jean le Clerc, et lui dit à voix basse :

— Il hésite.

— J'attends, dit Guignard.

Pour dissiper les soupçons que cet instant d'hésitation avait fait naître, Poulain répondit d'une voix ferme .

— Un tel serment, qui engage pour la vie, ne doit pas être fait légèrement. Je demandais à Dieu la force nécessaire pour le tenir, dans quelque circonstance que je sois placé, à quelque épreuve qu'il me destine. Je jure donc de garder fidèlement les secrets qui me seront confiés, d'employer tous mes efforts au triomphe de la sainte cause, et de ne jamais dévoiler le nom d'aucune des personnes ici présentes.

— Nous avons juré entre nous que le premier qui trahirait serait puni de mort, par le fer ou le poison.

— Je serai frappé justement si je trahis.

Guignard détacha le bandeau, et fit asseoir le lieutenant entre Jean le Clerc et Georges Michelet. Nicolas Poulain salua les assistants, qui lui étaient tous connus, au moins de vue, et qui étaient La Chapelle Marteau, les deux sieurs de Bay, Hotteman, receveur de M. de Paris, Rolland, général des monnaies, le père La Bruyère, de Santeuil, Drouart, avocat, Crucé, procureur au Châtelet, Michel, procureur au parlement.

Hotteman prit le premier la parole :

— Nicolas Poulain, dit-il, depuis longtemps nous avions jeté les yeux sur vous. Le prévôt Hardy, qui est vieux et infirme, vous abandonne l'exécution des mandements qui lui sont donnés. Plus qu'aucun autre, vous pouvez nous être utile.

Le lieutenant s'inclina en signe d'assentiment.

L'avocat Drouart se leva à son tour, et parlant avec autant d'emphase que s'il eût plaidé une cause devant toutes les chambres assemblées :

— Nous sommes tous convaincus que la religion catholique est perdue, si on ne lui porte un prompt secours, si nous ne nous opposons à ce qu'on prépare pour la ruiner. Il y a, au moment où je parle, dix mille huguenots réunis dans le faubourg Saint-Germain, qui n'attendent que l'occasion de massacrer les catholiques, pour donner la couronne à un hérétique, à Henri de Navarre. Ce n'est pas tout, messieurs, plusieurs membres du conseil et du parlement ont été gagnés à son parti. Les bons catholiques doivent prendre les armes secrètement, et s'opposer à ces sacriléges entreprises. Nous avons à notre tête des chefs puissants, des princes glorieux, les ducs de Guise, de Mayenne, d'Aumale, toute la maison de Lorraine, que soutiennent le pape, les cardinaux, les évêques, le roi d'Espagne, le prince de Parme, le duc de Savoie, auxquels se joindra le vœu du clergé et de la Sorbonne. Le tyran s'est rapproché en secret de Henri de Navarre, auquel il a essayé, par le moyen du duc d'Epernon, de faire prêter deux cent mille écus pour faire sous main la guerre aux catholiques. Jurons de mourir, s'il le faut, plutôt que de le souffrir. Mais que dis-je? la victoire peut être obtenue facilement. Il s'agit pour nous de rompre et de ruiner les forces que le roi a dans Paris, deux ou trois cents hommes employés à la garde du Louvre, le prévôt de l'Hôtel et ses archers, et à la première occasion, le duc de Guise accourra pour nous soutenir, avec les quatre mille hommes qu'il a levés secrètement en Champagne. Il faut armer nos partisans; mais de quelle manière nous procurerons-nous des armes sans éveiller les soupçons, pour éluder la défense que le roi a faite dernièrement à tous quincailliers et armuriers de Paris de vendre aucune arme ou cuirasse, sans savoir à qui? Quelqu'un ouvre-t-il un avis?

Jean le Clerc se leva :

— La charge de Nicolas Poulain lui donne le moyen de nous servir. Voici ce que je propose : c'est lui qui achètera les armes, sous prétexte de les distribuer secrètement aux partisans de Henri: il les fera transporter la nuit, par des agents dévoués et que je lui indiquerai, à l'hôtel de Guise, d'où on les distribuera plus tard dans les différents quartiers de Paris.

Le procureur Crucé interrompit son confrère, et dit :

— J'offre ma maison, qui est vaste, et que j'occupe seul.

— Et moi celle que je possède dans le faubourg Saint-Germain, dit aussi le général des monnaies, Rolland. Continuez maintenant, maître le Clerc.

— Je n'ai plus qu'une question à adresser à l'un de nous. L'argent qu'on nous avait promis est-il arrivé?

— Ceci me regarde, dit Hotteman : j'ai six mille écus dont Nicolas Poulain peut disposer pour les achats. Demain, je recevrai dix mille livres d'un seigneur de Paris.

— Quel est son nom? demanda le père La Bruyère.

— Je suis obligé de le taire. Le don est offert à condition que celui qui le fait ne sera pas connu. Il faut que Nicolas Poulain soit instruit en détail de toutes nos menées, de toutes nos alliances.

— J'ai pratiqué plusieurs membres de la chambre des comptes, dit La Chapelle Marteau, et je sais que le président Le Maistre agit activement auprès de la cour.

— Maître le Clerc et moi, interrompit Michel, nous nous sommes chargés des procureurs; Senault, des clercs du greffe de la cour; Le Leu, des huissiers; le président de Nully, de la cour des aides; Choulier, des clercs; Rolland, des généraux des monnaies; les commissaires, de la plus grande partie des sergents à cheval et à verges, et des habitants de leurs quartiers, sur lesquels ils ont quelque puissance; Crucé, de l'université de Paris.

Georges Michelet, qui n'avait pas encore pris la parole, dit :

— De Bar et moi, nous avons embauché les mariniers et garçons de rivière, au nombre de plus de cinq cents: Toussaint Poccart, potier d'étain, et Gilbert, charcutier, se sont assurés de tous les bouchers et charcutiers de la ville et des faubourgs : ils en comptent plus de quinze cents; Louchard, que j'ai vu hier, répond de six cents courtiers et marchands de chevaux; il leur a dit que les huguenots voulaient massacrer les catholiques, et sur leurs cadavres frayer le chemin au trône à Henri de Navarre. Il leur a promis qu'on leur fournirait des armes, et tous ont juré de combattre pour la sainte cause dès que l'occasion se présenterait et que monseigneur de Guise donnerait le signal.

— Les nouvelles sont bonnes, dit le père Guinard, et peut-être, si nos projets étaient renversés, pourrais-je plus tard vous offrir un allié plus utile que tous ceux que vous avez nommés.

— Quel est-il? demanda-t-on de toutes parts.

— Je le ferai connaître quand il en sera temps, et si nous avons besoin de ses services. Le jour commence à paraître; il est prudent de nous séparer et de quitter cette maison avant que les rues se remplissent de populaire.

Chacun prit son manteau, et ils descendirent l'un après l'autre. Georges Michelet s'en alla avec Nicolas Poulain, et lui donna de nouvelles instructions. Le père Guinard était resté le dernier.

— Pourquoi n'avez-vous pas voulu nommer tout à l'heure la personne dont vous semblez attendre un si utile secours? lui demanda Jean le Clerc. Supposez-vous qu'il y ait parmi nous quelqu'un devant qui un secret important ne doit pas être révélé?

— Non; mais c'est la première fois que nous voyons Nicolas Poulain. D'ailleurs, ce qui convient aux uns ne convient pas aux autres. Il n'y a pas de traîtres parmi nous, mais il y a des cœurs faibles qui veulent sans vouloir, des esprits incertains qui braveraient la mort dans un combat, et que troublerait l'idée de la mort donnée par surprise à un ennemi désarmé.

— Que voulez-vous dire, mon père, et me rangez-vous au nombre de ces cœurs faibles?

— Je puis, au contraire, m'ouvrir à vous. Voilà pourquoi j'ai attendu que nous fussions seuls.

— Parlez donc. De quoi s'agit-il?

— J'ai appris, par mes correspondances, qu'il existe en Champagne un jeune homme destiné à l'état ecclésiastique, et dont le projet est de venir à Paris. C'est un homme d'un esprit sombre et mélancolique, d'un caractère ardent et passionné, rempli d'une haine furieuse contre les hérétiques, un instrument de parti entre des mains qui sauraient le diriger. Quand il viendra à Paris, on m'avertira.

— Comment l'appelez-vous, mon père?

— Jacques Clément.

Ils se séparèrent alors, après s'être promis le secret.

Plusieurs entreprises contre le roi manquèrent par suite des hésitations du duc de Guise; plusieurs autres, parce que la cour, avertie secrètement, déjoua des complots d'enlèvement au faubourg Saint-Antoine et au faubourg Saint-Germain. Le menu peuple, sans prendre conseil de ses chefs, ayant su que Henri III devait revenir de Vincennes sans escorte, résolut de l'arrêter, de tuer son cocher et ses laquais, et de le conduire prisonnier dans une tour de l'église de Saint-Antoine. Le roi fut prévenu. Une autre fois, les ligueurs furent sur le point de s'emparer des lieux fortifiés de la ville. Pour prendre la Bastille, ils devaient aller, vers minuit, au logis du chevalier du guet, rue Culture-Sainte-Catherine; un homme aurai heurté à sa porte, demandant à lui parler de la part du roi, et s'adressant à un de ses archers d'intelligence avec les conjurés; l'archer aurait été dire au chevalier du guet que le roi le mandait. La porte ouverte, ils seraient entrés au nombre de cent ou cent vingt, se seraient emparés des clefs, et auraient tué le chevalier.

C'était le sort réservé au premier président, au chancelier, au procureur général. En même temps, des commissaires et des sergents, feignant de conduire de nuit des prisonniers, pénétreraient dans le grand et le petit Châtelets. On devait prendre le Palais à l'ouverture des audiences. Le Louvre offrait plus de difficultés. On proposa de former des barricades avec des tonneaux pleins de terre; qu'aussitôt que le mot serait donné, nul ne pourrait passer sans prononcer le mot d'ordre; que quatre mille hommes iraient au Louvre, disperser et massacrer les gardes du roi, et que, dès qu'ils se seraient rendus maîtres du palais, ils tueraient le conseil de Henri, lui en donneraient une autre à leur dévotion, et lui laisseraient la vie sauve, à condition qu'il ne se mêlerait d'aucune affaire.

L'entreprise aurait réussi; mais le roi fit garder étroitement les portes de la ville, le grand et le petit Châtelets, le Temple, l'Arsenal, le pont de Saint-Cloud, Charenton et Saint-Denis, et fit venir des troupes dont la présence arrêta l'exécution du complot.

Plus tard, il échappa à un nouveau danger qui l'attendait à la foire de l'Abbaye. Il y envoya à sa place le duc d'Épernon.

L'inquiétude des conjurés était extrême. Ils ne savaient sur qui ils devaient arrêter leurs soupçons, qui ils devaient accuser de ces trahisons continuelles. La Bruyère et la Chapelle Marteau, dont la fidélité avait inspiré quelques doutes, se justifièrent aisément. Nicolas Poulain avait été vu sortant de chez le chancelier, mais le commissaire Chambon témoigna qu'il en avait reçu de fortes réprimandes, et qu'il était menacé de perdre son office: quelque temps après il fut emprisonné au grand Châtelet. Ce n'était donc pas lui qui vendait les secrets de la Ligue.

Cependant les conjurés sentaient le besoin de hâter le moment décisif. Une assemblée eut lieu chez Santeuil, devant Saint-Gervais; on y lut une lettre du duc de Guise, qui, avant d'agir, voulait connaître le nombre des gens sur lesquels il pouvait compter. La Chapelle-Marteau déploya une grande carte de papier sur laquelle étaient représentés Paris et ses faubourgs, divisés en seize quartiers. On convint de les réduire à cinq, et d'établir dans chacun un colonel et quatre capitaines. On fit le dénombrement des forces; elles montaient à trente-cinq mille hommes.

L'horloge du Louvre venait de sonner trois heures du matin. On était au 22 avril 1588; le jour ne paraissait pas encore, la nuit était sombre, les rues de Paris désertes. Depuis dix minutes environ, un homme qui semblait avoir le plus grand intérêt à ne pas être vu, car, malgré l'obscurité qui le protégeait et le silence profond qui régnait autour de lui, il regardait sans cesse et prêtait l'oreille, un homme attendait debout et immobile comme une sentinelle en faction, devant la porte du parc : c'était le nom d'un des jardins qui, à cette époque, faisaient partie du Louvre. Le Parc s'étendait le long de la rue Fromenteau. Un bruit de pas criant sur le sable se fit entendre de l'autre côté du mur, la porte s'ouvrit doucement : l'homme qui attendait dans la rue dit :

— Est-ce vous, seigneur de Pétremol?

— Oui venez : Sa Majesté vous attend dans son cabinet.

Quelques minutes après, Nicolas Poulain fut introduit dans une pièce retirée du château, où étaient le roi et le marquis d'O, surintendant des finances, grand maître de la garde-robe, lieutenant général de la basse Normandie, et l'un des favoris de Henri III, qui le gorgeait de richesse en récompense des édits bursaux qu'il inventait pour soutirer l'argent du peuple.

Dès que Nicolas Poulain fut entré et la porte refermée sur lui, le roi s'adressant au marquis :

— Voici l'homme dont je vous ai parlé, le serviteur fidèle qui m'a découvert les secrets de la Ligue. C'est lui qui a empêché que Boulogne ne tombât aux mains du duc d'Aumale; c'est lui qui m'a averti de l'entreprise de la rue Saint-Antoine et du faubourg Saint-Germain, qui m'a préservé du piége où M. de Mayenne voulait m'attirer à mon retour de Castillon. Ah! marquis, continua le roi d'un ton goguenard, tous nos amis ne sont pas à la cour, et il y a des services véritables, des dévouements sincères qui ne nous coûtent qu'une parole de remercîment.

Le marquis jeta un regard de dédain et presque de jalousie sur le lieutenant du prévôt. Ne pouvant répondre à l'allusion du roi, il s'en vengea sur le manant en faveur, par une expression visible de mépris.

—Sire, dit-il, chacun de nous qui avons l'honneur d'approcher

Votre Majesté, est prêt à se dévouer pour elle; mais nous tirons l'épée, Sire; notre place est à vos côtés, sur le champ de bataille, et non derrière les portes pour surprendre ce qui se dit.

— Maître Nicolas, reprit Henri, en parlant de vous comme je l'ai fait, je ne pensais pas vous attirer un mauvais compliment. Ne vous en mettez pas en peine : je tiens vos services pour bons et honorables. Ne gardez pas rancune au marquis d'O pour ses épigrammes.

En entendant prononcer le nom du marquis, Nicolas Poulain sourit d'un air railleur, et le regarda quelque temps sans parler.

— Qu'avez-vous donc? reprit Henri. Pourquoi ce nom excite-t-il votre surprise et votre hilarité? Oui, continua-t-il en souriant à son tour et comme s'il eût voulu reprocher indirectement au marquis son impertinence, oui, c'est François, seigneur de Fresnes, marquis d'O, l'homme de France qui s'entend le mieux à dépenser de l'argent, et auquel, l'année dernière, la ferme du sel a rapporté huit cent mille écus, le double, à peu près, de ce que touche le trésor royal.

— Je n'avais jamais vu M. le marquis, répondit Nicolas Poulain, et Votre Majesté n'a pas besoin de me recommander le pardon des injures : son approbation me suffit. Sans le respect que je vous dois, Sire, et que je dois à un personnage aussi haut placé, je pourrais opposer épigramme à épigramme, et me défendre avec les mêmes armes; mais je ne le ferai pas.

— Qu'est-ce donc? demanda Henri, quelque quatrain satirique sur le marquis? Dites-le-moi.

— Je n'oserais, Sire.

— Il est donc bien mordant?

— Il a du moins l'intention de l'être.

— Et vrai?

— Votre Majesté pourrait seule en juger.

— Mais pour en juger, il faut que je l'entende. Allons, récitez-le. Les ligueurs ne m'ont pas épargné dans leurs rimes. Le marquis n'est pas plus susceptible que moi. Voyons, je vous écoute, et d'avance, je vous promets qu'il ne vous en gardera pas rancune.

— J'obéis, Sire, dit Nicolas Poulain enchanté de prendre sa revanche et fort de la protection du roi. Voici le sixain : il n'y a pas plus de deux jours qu'il court Paris.

> Veux-tu sçavoir comment parvint le seigneur d'O ?
> Notre roy le fist grand par ce mot latin *do* : (je donne.)
> Puis en le corrompant, de *do* il fist un *d'or* :
> Car d'O fut d'or un temps, robbant, pillant; mais or
> Réduit au petit pied, ainsi qu'on le déchiffre ;
> On le dit seigneur d'O, mais c'est un O en chiffre.

— A merveille ! à merveille ! s'écria le roi en se renversant sur

son fauteuil et en riant à gorge déployée, pendant que le favori tachait de faire bonne contenance.

Quand ce moment de gaieté fut passé, Henri, s'adressant à Nicolas Poulain :

— Maintenant, parlons d'affaires sérieuses : vous avez désiré me parler, qu'avez-vous a m'apprendre ?

— Un nouveau complot, Sire.

Alors Nicolas Poulain instruisit le roi avec tous les détails nécessaires, pendant que le marquis d'O écrivait sous sa dictée, de l'entreprise projetée pour le douze mai suivant, qui fut le jour fameux des barricades. Comme il connaissait parfaitement les desseins des ligueurs, il indiqua les points de Paris qu'il fallait faire garder, le carrefour Saint-Séverin jusque devant l'Hôtel-Dieu, le pont Saint-Michel, le marché Neuf, la place de Grève, le cimetière des Innocents et le Louvre. Lorsqu'il eut terminé ses révélations, il fut reconduit par le seigneur de Pétremol avec les mêmes précautions, et sortit du parc sans avoir été aperçu.

Henri III, qui, sur les avis de Nicolas Poulain, aurait déjà pu frapper d'un coup mortel la faction quelque temps auparavant, ne prit, cette fois encore, aucune mesure décisive pour conjurer le danger. Il se fiait aux paroles de ses courtisans, qui l'assuraient que le peuple de Paris l'aimait trop pour rien entreprendre contre sa personne, et il attendit jusqu'à la nuit du 11 au 12 mai, pour faire entrer dans Paris quatre mille Suisses et deux mille fantassins français.

Quoique surpris par l'arrivée de ces troupes, les ligueurs tentèrent le coup. Les Parisiens, soulevés par eux, s'agitent et prennent les armes. L'Étoile, dans son Registre-Journal de Henri III, nous a transmis le récit des désordres de cette journée. Au style près, on croirait lire la relation des événements de 1830. « Lequel dessein du roy toutesfois ne réussit à la fin par lui prétendue ; car le peuple voyant toutes ses forces disposées par la ville, commença ainsi à s'émouvoir, et craindre quelque chose de pis, et à murmurer qu'on n'avait jamais veu ni ouï à Paris qu'on y mist une garnison étrangère. Sur ce, incontinent chacun prend les armes, sort en garde par les rues et cantons, en moins de rien tend les chaînes, et fait barricades aux coins des rues. L'artisan quitte ses outilzs, le marchand ses traficqs, l'université ses livres, les procureurs leurs sacqs, les avocats leurs cornettes, les présidents et les conseillers mesmes mettent la main aux halesbardes ; on n'oit que cris espouvantables, murmures et paroles séditieuses, pour eschauffer et efaroucher un peuple ; et comme le secret, l'amour et le vin ne valent rien quand ils sont esvantés, ainsi le duc de Guise, ayant descouvert de ce côté-là le secret du roy, comme pareillement le roy avoit descouvert le sien, craignant d'estre prévenu, envoie sous mains plusieurs gentilshommes de ses partizans, qu'il fait disposer de son ordonnance en chaque canton, pour encourager ce peuple assez mutin, mais couart, et enseigner aux esquadres et dizaines le moyen de se bien barricader et défendre..... Au contraire, le roy, qui, jusqu'au midi dudit jour, estoit le plus fort, aiant moiens de rompre les intelligences et barricades du guisart et de ses Parisiens, remet son espée au fourreau, avec défense à tous les siens de tirer la leur, seulement à moitié, sur peine de la vie, espérant que la temporization, douceur et belles paroles désarmeroient peu à peu le sot peuple ; lequel, tout au rebours, l'après-disnée venue, s'estant armé, assemblé et barricadé plus que devant, et se sentant fort, commença à regarder de travers les Suisses et soldats françois estant par les rues, et à les braver de contenances et de parolles, les menassant, si bientost ils ne se retiroient, de les mettre tous en pièces. »

Le duc de Guise arrêta le massacre des Suisses et des autres troupes du roi, qui, cernées de toutes parts, ne pouvant ni avancer ni reculer, étaient exposées au feu de la mousqueterie, et écrasées par les pierres qui pleuvaient sur elles de toutes les fenêtres. Il était resté toute la journée à son hôtel, et n'en sortit que vers quatre heures, sur la prière du maréchal de Biron, envoyé vers lui par le roi lui-même.

Le lendemain, les ligueurs étaient maîtres des portes Saint-Jacques, Saint-Marceau, de Bussy et Saint-Antoine, et ne se contentaient plus de la proposition du roi de faire retirer ses troupes à plusieurs lieues de Paris, à condition que le peuple détruirait les barricades. Partout retentissaient ces cris : — Allons prendre et barricader ce b....., de roi dans son Louvre ! — Il ne faut plus lanterner ; il faut mener Monsieur à Reims. Vive Guise ! Et le duc répondait hypocritement à ces démonstrations : — Mes amis, c'est assez ; messieurs, c'est trop : criez Vive le roi !

Des deux côtés c'était la même duplicité. Le duc de Guise retenait d'une main la révolte qu'il déchaînait de l'autre. En même temps qu'il offrait de faire éloigner ses troupes, Henri mandait au seigneur de Méru d'arriver en toute hâte avec sa compagnie d'hommes d'armes; mais les bourgeois qui gardaient la porte Saint-Honoré refusèrent de le laisser entrer. Enfin, la reine mère se décida à aller trouver le duc de Guise : ce fut à grand'peine que sa chaise put passer à travers les barricades. Elle pria le duc d'apaiser la sédition et de se rendre au Louvre. Mais il n'eut garde de donner dans le piége; il répondit qu'il ne pouvait rien sur le peuple qu'il compara à un troupeau de taureaux échauffés qu'il était impossible de retenir. Il refusa positivement d'aller au Louvre qui lui était suspect, disant qu'en l'état de choses, ce serait folie à lui de se livrer à la merci de ses ennemis.

Le mauvais résultat de cette conférence fut appris au roi par un nommé Pinart, que lui dépêcha la reine mère. Sur d'autres avis inquiétants qui annonçaient la prise de l'Arsenal, de l'Hôtel-de-Ville, et les progrès des révoltés dont les barricades s'élevaient à cinquante pas du Louvre, le roi sortit à pied du château, une baguette à la main, et gagna les Tuileries. On le pressa de nouveau de fuir, car le duc de Guise s'avançait à la tête de douze cents hommes, qui criaient par les rues : — Nous allons quérir le sieur Henri dans son Louvre; il entra dans l'écurie et monta à cheval avec une partie de sa suite; un grand nombre le suivit à pied. Du Halde le botta, et, dans sa précipitation, lui ayant mis son éperon à l'envers :

— Laissez, laissez, dit Henri : je ne vais pas voir ma maîtresse; nous avons un plus long chemin à faire.

Puis, se retournant vers Paris :

— Je te maudis, ville ingrate et perfide, et je jure que je ne rentrerai dans tes murs que par la brèche.

Il s'éloigna alors et prit le chemin de Saint-Cloud, accompagné par le duc de Montpensier, le maréchal de Biron, le marquis d'O, le chancelier, les seigneurs de Villeroy et Brussart, secrétaires d'État; le sieur de Belièvre, le cardinal de Lanoncour, Jacques Faye, avocat au parlement, et les débris des Suisses et des soldats français de sa garde. Henri coucha le soir même à Rambouillet, et, le lendemain, entra à Chartres, dont la fidélité était restée inébranlable à toutes les tentatives de la ligue.

Paris était au pouvoir des révoltés. Le 14 mai, Jean le Clerc fut nommé gouverneur de la Bastille. Comme il venait d'y conduire prisonnier le prévôt des marchands, Perreuse, et quelques autres, et qu'il en ressortait pour aller prendre les ordres du duc de Guise, il s'approcha d'un groupe d'hommes et de femmes qui discutaient chaudement. Il écoutait depuis quelques minutes, lorsqu'il se sentit tiré par le bras. Il se retourna et vit le jésuite Guignard. Ils s'éloignèrent ensemble.

— Eh bien! lui dit Guignard, ai-je eu tort de me défier autrefois de Nicolas Poulain? le bruit se répand que c'est lui qui nous a trahis, et qu'il est allé rejoindre le roi à Chartres.

— C'est vrai, mon père, répondit Jean le Clerc : j'ai été dupe de ses protestations.

— Tout serait perdu si j'avais parlé devant lui.

— Tout n'est-il pas perdu? ou du moins, tout n'est-il pas à recommencer? Nous ne tenons pas le Béarnais, et Henri nous échappe.

Jean Guignard se pencha vers le Clerc, et, regardant autour d'eux, il lui dit à voix basse :

— On peut frapper Henri ailleurs qu'à Paris.

— Le frapper, dites-vous? Qui s'en chargera?

— L'homme dont je vous ai parlé.

— Jacques Clément?

— Il est ici.

— Vous l'avez vu?

— Il y a deux jours.

— Et il est résolu?

— C'est une terre où le germe est déposé. Il faut qu'il grandisse maintenant et porte ses fruits.

— Où demeure ce jeune homme?

— Au couvent des Jacobins. Le prieur Bourgoing est des nôtres : il aura soin de l'entretenir dans des idées convenables.

— Quand le reverrez-vous?

— Aujourd'hui même : dans une heure je serai auprès de lui. Adieu. La cause sacrée de la sainte religion trouvera un vengeur.

Six religieux, Bertrand de Garrigues, Laurent Anglois, Jean de Navarre, Michel Favre, Mannez de Gusman et Othier, avaient été envoyés à Paris vers la fin de 1217, sous la conduite du P. Mathieu, par saint Dominique, fondateur de l'ordre des frères prêcheurs. Ils logèrent d'abord dans une maison située entre le palais épiscopal et l'Hôtel Dieu. Leur sainteté les fit remarquer; maître Jean Barastre, doyen de Saint-Quentin, leur céda la chapelle de Saint-Jacques, dont il était titulaire, et une maison contiguë, qu'il avait fait bâtir pour servir d'asile à des pèlerins. Le P. Mathieu s'y établit le 6 août 1218, et en moins de deux ans la communauté s'éleva à huit religieux, appelés depuis Jacobins, du nom de la rue qu'ils habitaient. Mathieu fut le premier et dernier abbé de l'ordre : un chapitre général tenu à Boulogne en 1220, et présidé par saint Dominique, décida qu'à l'avenir les supérieurs prendraient le titre de prieurs. Saint Louis, qui favorisa constamment l'ordre des frères prêcheurs ou jacobins, et qui prit parmi eux ses confesseurs, Barthélemi de Bragance, Barthélemi de Tours, et Geoffroi de Beaulieu de Bétomas, saint Louis leur fit bâtir une église et un couvent sur les ruines du château des seigneurs de Hautefeuille, au lieu où avait été anciennement le parloir aux bourgeois. En 1256, Enguerrand de Coucy ayant été condamné à payer dix mille livres parisis pour avoir fait pendre trois jeunes Flamands qui avaient chassés sur ses terres, une partie de l'amende fut employée à la construction du cloître. Saint Louis donna de plus, en 1263, aux frères prêcheurs, deux maisons et un hôpital qu'il avait acquis de Robert Sorbon, et qui étaient situés, les maisons rue de l'hirondelle, l'hôpital en face le répertoire de ces religieux.

Le couvent des Jacobins, à l'époque dont nous parlons, couvrait un vaste espace; il renfermait dans son enceinte plusieurs bâtiments gothiques, mais sans liaison entre eux et sans symétrie, et contenait des tombeaux de rois, reines, princes et princesses de la maison de France.

Le jour commençait à baisser lorsque Jean Guinard entra au couvent. Après un court entretien avec le prieur, il se dirigea vers l'église, construite sur le modèle de celle des mêmes religieux à Toulouse, et partagée en deux, dans toute sa longueur, par un rang de piliers qui lui ôtaient toute régularité. Dans la nef, devant les orgues, s'élevaient trois grandes tombes, qui étaient celles de trois générales perpétuelles des béguines que saint Louis avait fait venir de Flandre. Sur chaque tombe était gravées l'effigie et l'épitaphe des trois supérieures, Agnès d'Orchies, morte en 1284, Jeanne la Borchasde, morte en 1312, et Jeanne la Roumaine en 1335. Devant la tombe du milieu, mais à quelque distance, un jeune homme était agenouillé. Sa prière, si toute fois c'était une prière qu'il prononçait, était fréquemment interrompue par des sanglots, par

des mouvements convulsifs, et par des signes d'un profond désespoir. Il était tellement absorbé dans sa douleur, qu'il n'entendit point le bruit des pas résonnant sur les dalles.

— Mon Dieu! s'écriait-il, mon Dieu! je vous prie en vain. Vous êtes sourd à ma voix. Je vous ai prié d'ôter de mon esprit les pensées de meurtre qui le troublaient : vous ne m'avez pas exaucé, et maintenant, pour me torturer encore plus, vous m'avez mis au cœur un amour furieux et insensé, vous avez fait passer devant mes yeux une apparition qui est devenue le rêve de toutes mes nuits, et lorsque je vous demande de me montrer de nouveau celle dont l'image me poursuit sans cesse, vous me refusez ce bonheur! Il faut pourtant que je la revoie; il le faut, au prix même de ma vie ici-bas, de ma félicité éternelle. Pour la revoir je consens à mourir; pour la posséder je consens à livrer mon âme à Satan.

— Quel vœu impie formez-vous là, mon frère! dit Guignard.

— Qui me parle! et qui vient épier mes secrets? s'écria Jacques Clément en se retournant; puis reconnaissant le jésuite :

— Ah! c'est vous, mon père. Pourquoi m'avez-vous suivi dans cette église? Pourquoi depuis mon arrivée à Paris, où je n'aurais jamais dû venir, semblez-vous vous attacher à mes pas? Votre regard curieux cherche à lire dans le mien, pour y deviner mes pensées. Que voulez-vous?

— Vous offrir les consolations dont vous avez besoin, mon frère.

— Des consolations! Êtes-vous plus puissant que Dieu, qui me les refuse?

— Dieu m'a peut-être mis sur votre chemin pour vous expliquer sa volonté.

— Sa volonté est-elle que je souffre?

— Peut-être : si la souffrance est une épreuve, si au bout de cette épreuve il a placé la récompense. Confiez-moi vos peines.

— Vous ne les comprendriez pas.

— J'ai reçu bien des confidences, j'ai lu dans bien des cœurs : j'ai des consolations pour toutes les infortunes, des conseils pour toutes les plaintes.

— Les conseils d'un sage, d'un homme qui ignore les passions!

— Chaque homme paye tribut à la faiblesse de sa nature, chaque homme a sa part de tentation. Le plus sage est celui qui a le plus désiré et que l'erreur a ramené à l'indulgence. Dieu se sert de nous pour l'exécution de ses desseins. Aux uns il donne le calme et la résignation, aux autres l'emportement et la violence : il ravit en extase les pieux solitaires, il arme le bras de Judith. La mission qui nous a été enseignée par notre saint fondateur est d'étudier le caractère de chacun, de le guider selon ses penchants. C'est la pensée qui a inspiré Ignace de Loyola, et qu'il a transmise à tous ses disciples. Ainsi, mon frère, ouvrez-moi votre âme.

En même temps Guignard le prit par la main, et le conduisit vers un des bas côtés de l'église ; ils s'assirent sur les marches d'une chapelle, Jacques Clément un peu au-dessous du jésuite. L'obscurité descendait peu à peu le long des piliers ; les dernières lueurs du jour s'effaçaient sur les dalles. Le lieu, l'heure et le silence donnaient à cet entretien le caractère mystérieux d'une confession. Guignard se pencha vers Jacques Clément :

— Mon frère, dit-il, tout à l'heure vous parliez de pensées de meurtre qui vous obsédaient. Comment et pourquoi se sont-elles présentées à votre esprit? Quelle haine nourrissez-vous au fond du cœur? Quelqu'un vous a-t-il frappé, dépouillé? Quelle offense avez-vous reçue? quel bien avez-vous perdu !

— Je n'ai à me plaindre de personne, mon père. Ces sombres pensées sont nées avec moi. Bien jeune encore, je sentais des idées de destruction fermenter dans mon sein. J'éprouvais une volupté secrète à déchirer de mes mains l'objet qui m'avait charmé d'abord, qui avait attiré mes regards, excité mes désirs. Dans le jardin de mon père, où j'ai passé mon enfance, j'arrachais les fleurs de leurs tiges, j'écrasais les fruits sous mes pieds ; et souvent, vous l'avouerai-je, souvent après avoir semé leurs débris sur la terre, je regrettais qu'ils ne fussent pas doués de sentiment pour les voir souffrir, pour les entendre gémir. Plus tard, mes nuits furent troublées par des rêves étranges : des visions funestes et sanglantes m'ont poursuivi dans mon sommeil. Tantôt le diable m'apparaissait, et accroupi sur le pied de mon lit, il étendait vers moi sa main noire et crochue, il me réveillait par les éclats de son rire, qui résonnait à mes oreilles comme la cloche des trépassés. Tantôt, et cette vision revenait toutes les nuits, tantôt je voyais luire au-dessus de ma tête la lame d'un poignard. Dans l'obscurité profonde qui m'entourait, je voyais, loin, bien loin de moi briller un point qui s'avançait peu à peu : à mesure qu'il se rapprochait, il s'allongeait, jetant un éclat extraordinaire qui m'éblouissait, et il prenait la forme d'un poignard soutenu dans les airs par une main invisible. Alors à côté de lui se dessinait l'image d'une couronne royale ; des gouttes de sang, qui tombaient sur mes mains et sur mon visage, paraissaient sur le fer, et dès qu'elles avaient paru, la couronne pâlissait et s'effaçait dans la nuit.

— Étrange prodige ! dit Guignard, qui écoutait le jeune moine avec attention et avec une joie qu'il avait peine à dissimuler. Continuez, mon frère, continuez.

Le poignard, reprit Jacques Clément, s'agitait dans le vide au-dessus de moi, et son éclat s'augmentait sans cesse ; on eût dit qu'il était de flamme, et les gouttes de sang étincelaient comme des rubis. Puis après quelques minutes, la vision s'éloignait lentement, et moi, j'étendais le bras vers elle ; je la suivais, avançant à mesure qu'elle se retirait, et me heurtant contre les murs de ma chambre, je me réveillais, la poitrine oppressée, la tête en feu et le corps baigné d'une sueur glacée. Que veulent dire ces apparitions, mon père ? Contre qui ce poignard doit-il être dirigé ? Quelle est cette couronne ? est-ce celle du martyre ?

— Mon frère, dit Guignard, Dieu ne fait rien en vain. Il ne change pas les lois de la nature s'il ne veut pas donner un avertissement. Il vous envoie sans doute ces visions pour fixer notre esprit sur des choses auxquelles vous ne vous êtes pas encore arrêté. En permettant le mal, en lui accordant même de triompher parfois, il suscite des êtres dont la mission est de le détruire. Il a laissé l'hérésie s'établir, et il s'est réjoui d'entendre sonner le tocsin de la Saint-Barthélemi. Mon frère, vous êtes peut-être un de ces êtres privilégiés qu'il destine dans sa mystérieuse et impénétrable sagesse à réparer le mal. La couronne que vous voyez en rêve est la couronne de France ; le poignard qui brille à vos yeux doit frapper le tyran.

Jacques Clément tressaillit.

— Vous conseillez le meurtre ! s'écria-t-il.

— Dieu n'a pas besoin de nous pour se délivrer de l'impie ; mais quand il tolère le règne de l'impiété, c'est qu'il veut laisser aux fidèles la gloire de l'abattre. Heureux celui qu'il a choisi pour de tels desseins ! Il affranchit la terre et gagne le ciel ! Si on ne peut déposer le tyran sans guerre, qu'on guerroie : si on ne le peut faire par la guerre, qu'on le fasse mourir [36].

— Je respecte votre piété, mon père : je m'humilie devant vos lumières. Mais Dieu m'a mis un autre amour au cœur, une autre espérance ; d'autres rêves et d'autres images visitent pendant les nuits ma couche solitaire. J'aime comme un insensé, comme un furieux, car tous mes sentiments sont extrêmes ; mon sang s'allume et bout dans mes veines. Avant de porter cet habit de religieux, j'ai désiré, j'ai possédé des femmes qui se livraient à mes transports. Vous m'avez dit de vous ouvrir mon âme ; eh bien ! plongez-y vos regards. Une seule passion y domine maintenant, l'amour. Mon cœur est une fournaise : je pâlis, je rougis, je tremble, je cours, respirant dans l'air un parfum de volupté qui m'enivre, ou je m'arrête et je tombe, haletant et brisé. Mais ces désirs qui s'égaraient sur toute créature, aujourd'hui ils se sont réunis sur une seule. Une seule femme occupe ma pensée, remplit mon cœur, règne sur mes sens. Vingt fois le jour je crois la voir, vingt fois la nuit je referme mes bras sur le fantôme qui m'obsède. Pour la posséder une heure, une minute, pour assouvir mes désirs impuissants, je commettrais un crime peut-être, je frapperais, si elle me disait : Frappe, et je suis à toi !

Comme épuisé par la violence de ses émotions, Jacques Clément se laissa tomber sur les marches de la chapelle, le front dans la poussière.

Guignard le regarda quelque temps avec un affreux sourire.

— C'est l'homme qu'il nous faut, se dit-il, et la gloire me reviendra d'avoir dirigé son bras contre la poitrine du tyran. La volonté de Dieu est manifeste, et je suis l'instrument dont il se sert pour l'accomplir. Mon frère, relevez-vous et apprenez-moi quelle est cette femme.

Jacques Clément se redressa lentement, et, arrêtant sur le jésuite un regard douloureux et sombre :

— Hélas ! tout est mystère dans ma destinée : rien de ce qui rayonne devant moi n'a de nom pour moi. Depuis que je l'aime, je la cherche en vain.

— Eh quoi, dit Guignard, est-ce une illusion de vos sens, un fantôme créé par votre imagination?

— Non, mon père, cette femme existe, je l'ai vue. Quelques jours après mon arrivée à Paris, le cœur plein de trouble, ébloui des merveilles que je voyais, je marchais au hasard : la foule était rassemblée sur la place de l'Hôtel-de-Ville. Tout à coup, dans une chaise découverte, passa devant moi une femme belle, richement

vêtue, qui souriait au peuple. A son aspect, je restai immobile ; jamais rien de plus séduisant ne s'était offert à mes yeux. Il me sembla, erreur sans doute, délire de mes sens, il me sembla que son regard ardent rencontrait le mien, qu'il s'allumait au feu qui m'embrasait, et me disait : Tu seras aimé un jour comme tu aimes déjà. La surprise, l'admiration m'avaient cloué à ma place. Quand je revins à moi, la foule s'était dispersée. J'étais seul : je courus du côté où je croyais que sa chaise s'était dirigée, mais en vain ! j'avais perdu sa trace. Vainement aussi j'interrogeai ceux que je rencontrais, vainement je leur demandai le nom de cette femme. Le plus grand nombre me traitait de fou ; personne ne put répondre à mes questions. Depuis ce jour, mon père, j'erre dans les rues espérant la rencontrer, demandant au ciel de m'envoyer sur son passage, mais le ciel est sourd à mes prières. Je l'aime, et ne sais qui elle est ; je la désire, et je ne puis la revoir. Je suis maudit !

— Calmez-vous, mon frère, et prenez patience.

— Patience ? mais je brûle, mais je meurs !

— Vous vivrez pour être heureux. Ces visions, cet amour, sont des signes certains que Dieu vous réserve pour une grande entreprise ; l'épreuve à laquelle il vous soumet affermira votre courage. Je joindrai mes prières aux vôtres pour qu'il nous révèle le nom de cette femme, et il nous le révèlera, il ne laissera pas son ouvrage imparfait. La nuit est venue, il faut nous séparer. Adieu, mon frère, nous nous reverrons souvent.

Ils sortirent ensemble de l'église.

— Adieu, répéta Guignard : voyez dans tout ceci un avertissement céleste.

Jacques Clément regagna à pas lents sa cellule, où le même rêve l'agita toute la nuit. Jean Guignard se dirigea vers le collège des Jésuites.

— Fatal obstacle ! se disait-il : fanatique et débauché tel qu'on pouvait le souhaiter ! Mais l'amour dans son cœur a tué le fanatisme, et seul il pourrait l'y réveiller. Quelle est cette femme ? et si je parviens à la connaître, voudra-t-elle céder à ses désirs ? voudra-t-elle armer le bras de son amant ?

> Le roy veut l'hérésie et la Ligue abolir :
> La Ligue veult le roy tout vif ensevelir
> Et perdre l'hérésie en ses rages extresmes.
> Tous deux à leurs effecs taschent de parvenir,
> Mais l'on ne sauroit voir telle chose advenir
> Que la Ligue et le roy ne se perdent eux-mesmes.

Ces vers, publiés pendant la tenue des états de Blois, sont le meilleur résumé de l'histoire de cette époque, l'appréciation la plus vraie des discordes qui déchiraient la France. Composés avant la mort des princes lorrains et l'assassinat de Henri III, ils ont été consacrés et justifiés par les événements. Pendant que les chefs de la nation cherchaient à se tromper mutuellement, le peuple, qu'ils entraînaient dans leur querelle, jugeait avec son bon sens ordinaire qu'ils marchaient à une ruine commune. Par insouciance, par défiance de ce qu'il peut, par manque d'unité et d'organisation, il se laisse conduire au gré des politiques qui le méprisent, qui s'en servent comme d'un instrument, et qui substituent leurs intérêts personnels à l'intérêt général.

Le duc de Guise crut devoir faire offrir à l'ambassadeur d'Angleterre une sauvegarde. La réponse de l'ambassadeur, qui refusa cette protection, disant qu'il était sous la sauvegarde de la foi publique, de l'alliance du roi et de la reine sa maîtresse, apprit au duc de quelle manière on jugeait dans les cours étrangères son usurpation. Le duc écrivit au roi pour excuser la sédition et l'assurer de sa fidélité. De son côté, Henri III protesta publiquement de son attachement à la religion catholique, apostolique et romaine, et en même temps les Parisiens qui chansonnaient la Ligue et la cour, prièrent le roi de revenir parmi eux. Le 17 mai, une procession se rendit à Chartres. Elle était conduite par frère Ange, Henri, duc de Joyeuse, connu sous le nom de comte Dubouchage, beau-frère du duc d'Épernon, qui, après avoir perdu sa femme, était entré dans l'ordre des capucins. C'est de lui que Voltaire a dit dans la *Henriade* :

> Vicieux, pénitent, courtisan, solitaire,
> Il prit, quitta, reprit la cuirasse et la haire.

Frère Ange, la tête chargée d'une grosse couronne d'épines, portant sur les épaules une lourde croix comme Jésus-Christ quand il monta au Calvaire, se mit en route, suivi par trente-cinq capucins qui chantaient des psaumes et des litanies. La procession entra dans la cathédrale de Chartres pendant les vêpres, auxquelles le roi assistait. Elle chantait d'une manière lugubre le psaume cinquantième, *Miserere*, et deux capucins frappaient à grands coups de discipline sur le dos nu de frère Ange. Les bourgeois de Chartres, répandus dans les rues, regardaient en se moquant ce

bizarre et ridicule cortége, et le duc de Biron fut sur le point d'envoyer la mascarade en prison. Henri III, qui avait sur la conscience plus d'un péché de ce genre, fut plus indulgent. Il les écouta, et promit de pardonner aux Parisiens s'ils rentraient sincèrement dans leur devoir, mais il se garda bien de revenir parmi eux : il se contenta, pour leur donner une preuve de son bon vouloir, d'abolir, par lettres patentes enregistrées au parlement le 27 mai, trente-quatre ou trente-cinq édits, qui, les années précédentes, avaient établi des impôts, et en même temps on annonça une convocation prochaine des États du royaume.

En attendant, la Ligue faisait pendre et brûler à Paris, comme hérétiques et huguenots, de paisibles bourgeois dont le crime était d'être riches, et les deux filles de Jacques Foucaud, ancien procureur au parlement. Le 11 juillet, la reine-mère, le cardinal de Bourbon et le duc de Guise arrêtèrent entre eux les articles d'un traité d'union qui déclarait le duc de Guise lieutenant général du royaume, et le cardinal de Bourbon premier prince du sang, au préjudice du roi de Navarre. Un mois après la journée des Barricades, le pape avait accordé au duc de Guise et au cardinal de Bourbon un bref dans lequel il les comparait aux Machabées, et que les deux chefs des ligueurs avaient fait traduire en français et répandre parmi le peuple. Henri sentit la nécessité d'opposer une manifestation éclatante, et de faire acte d'autorité. Il se déclara chef de la Ligue, et, le 16 octobre, il ouvrit la première séance des états à Blois. Il parlait avec facilité, avec éloquence même : il prononça une harangue où, par une allusion directe au duc de Guise, présent en qualité de grand-maître, il rejette sur l'ambition démesurée de quelques-uns de ses sujets les malheurs qui désolaient le royaume, et la lutte que soutenaient encore les hérétiques. Il jura de persévérer jusqu'à sa mort dans la religion catholique, apostolique et romaine, de ne souffrir jamais qu'aucun prince suspect dans sa foi pût parvenir à la couronne, et de n'admettre à aucune charge ou dignité que ceux qui feraient une profession constante et sincère de soumission à Rome. Tous les membres de l'assemblée firent le même serment. Pour célébrer ce traité d'union, Henri manda au parlement de faire chanter un *Te Deum* à Notre-Dame, et, fidèle à son système de tromperies et de concessions, il chargea de la lettre Pierre Senault, un des plus mutins ligueurs de Paris.

Henri n'avait qu'un demi-courage. Le duc de Guise n'avait pas entendu sans un profond dépit la harangue du roi; il en avait perdu contenance et changé de couleur. Le cardinal, plus sensible encore à cet affront, reprocha à son frère de ne jamais faire les choses qu'à moitié, et lui dit que sans ses hésitations, le parti serait triomphant au lieu de se voir exposé à de pareilles attaques. Le cardinal poussa l'audace jusqu'à tancer le roi, jusqu'à lui arracher une honteuse rétractation. Il obtint de lui que la harangue ne serait imprimée qu'avec suppression du passage.

Mais Henri était faible parce qu'il était perfide, il se courbait sous l'affront parce qu'il méditait une vengeance terrible, et à la duplicité il joignait le parjure.

Le 4 décembre, il jura, sur le saint sacrement, réconciliation avec le duc de Guise et oubli de toutes les querelles passées.

Pour gage de sa sincérité, il soumit les droits du roi de Navarre à la décision des états; il proposa de le sommer une dernière fois d'accepter l'édit d'union et de se déclarer catholique. Mais la Ligue repoussa cet avis. Cependant Henri reçut de plusieurs côtés l'avertissement d'une conspiration contre sa personne. Le duc d'Epernon l'en prévint par lettres, le duc d'Aumale par sa femme, et le duc de Mayenne lui-même par un messager. Il assembla quelques-uns de ses confidents et de ses conseillers intimes : un ou deux seulement opinèrent pour l'empoisonnement et un procès; mais tous les autres dirent « qu'en matière de lèse-majesté, il fallait que la peine précédât le jugement, et plutôt prévenir un traître que de consulter, l'ayant pris, comment on le ferait mourir. » Le roi, dont le parti était arrêté à l'avance et qui ne consultait que pour la forme, prononça quelques paroles que l'Etoile nous a conservées : « Mettre le guisard en prison, dit-il, seroit tirer un sanglier aux filets, qui se trouveroit possible plus puissant que nos cordes; là où quand il sera tué, il ne nous fera plus de peine; car homme mort ne fait plus guerre. »

Pour détourner tous les soupçons et endormir les craintes des deux frères, Henri s'avisa d'un artifice. Il avait d'abord fixé l'exécution au dimanche avant la Saint-Thomas, et décidé que le coup serait fait pendant le souper que l'archevêque de Lyon devait donner ce jour-là aux princes lorrains; mais des circonstances ignorées aujourd'hui le firent différer. Il régla l'emploi de son temps pour chacun des jours de la semaine. Toute la cour sut que le roi ferait telle chose le lundi, telle autre le mardi, etc., etc., et que, le vendredi 23, il irait à Notre Dame-de-Cléry. Comme les projets du duc et du cardinal n'étaient un mystère pour personne, et que d'un instant à l'autre on s'attendait qu'ils jetteraient le masque, on ne peut trop déplorer l'aveuglement du roi, qui, à la veille de sa ruine, ne s'occupait que de dévotions puériles et ridicules. En même temps, ses ennemis sentirent redoubler leur confiance et ne doutèrent plus du succès.

Le cardinal conseilla à son frère de se rendre à Orléans et de le laisser seul auprès du roi, qu'il se chargeait de conduire à Paris. Henri en fut instruit par le sieur de Provenchère, domestique et confident du duc de Guise. Le jeudi 22 décembre, en sortant de la messe, il descendit au jardin en attendant que dix heures sonnassent. C'était l'heure habituelle de son dîner. Il se promena longtemps avec le duc de Guise. On ne sut pas d'abord quel était entre eux le sujet de l'entretien, qui paraissait animé; mais quelques jours après, le roi l'apprit à la duchesse d'Angoulême, Diane, fille naturelle de Henri II, mariée en secondes noces à François, duc et maréchal de Montmorency, fils aîné du connétable. Dans cette longue conversation, le duc dit au roi que depuis qu'il l'avait reçu en ses bonnes grâces, il n'avait pas de plus vif désir que de lui prouver sa reconnaissance, son dévouement et sa fidélité; mais qu'il n'ignorait pas qu'il était desservi dans l'esprit de Sa Majesté; que ses actions les plus pures étaient interprétées à mal, et qu'il n'avait qu'un moyen de confondre la calomnie, c'était de se retirer. Il supplia le roi de recevoir sa démission de lieutenant-général, et de lui permettre de vivre loin de lui et de la cour, dans son gouvernement, dont il lui demanda la survivance pour son fils, ainsi que celle de sa charge de grand-maître.

Henri, aussi dissimulé que le duc, feignit d'être fort étonné de ces demandes. Loin de consentir à l'éloigner de lui, et à diminuer la puissance qu'il lui avait donnée, il voulut au contraire l'augmenter encore. C'était sur lui, sur lui seul qu'il comptait pour assurer la ruine des hérétiques. Il fit serment que depuis leur réconciliation il n'avait conçu aucune défiance; il ajouta que, puisque le duc lui avait ouvert son cœur, il répondrait avec la même franchise, et il le pria, pour ne plus donner prétexte à la malice de ses ennemis, de rompre toutes les intelligences qu'il avait conservées avec les mécontents.

Le duc insista et offrit de nouveau sa démission, que le roi refusa en disant :

— Je ne le veux pas. La nuit vous portera conseil.

Henri n'ignorait pas que les états avaient promis au duc de le nommer connétable.

Le secret de l'un n'était pas mieux gardé que le secret de l'autre. Le même jour le duc de Guise, en se mettant à table, trouva sous sa serviette un billet dans lequel on lui disait : « qu'il se donnast garde, et qu'on estoit sur le poinct de lui jouer un mauvais tour. » Il le lut, écrivit au bas : « on n'oseroit, » et il le rejeta avec dédain sous la table. Quelques heures plus tard, son cousin le duc d'Elbeuf le prévint que, le lendemain, on avait dessein d'attenter à sa vie. Il lui répondit en riant : « qu'il voyoit bien qu'il avait regardé dans son almanach, et que tous les almanachs de l'année estoient farcis de telles menaces. » Il reçut jusqu'à neuf avertissements semblables, et les méprisa tous. Il passa la nuit jusqu'à trois heures chez une dame de la cour dont il était fort amoureux, et il s'y conduisit en homme qui n'avait d'autre souci que de plaire à sa maîtresse.

Après son souper, le roi se retira dans sa chambre vers sept heures. Il fit venir le premier écuyer, le sieur de Liancourt, et lui ordonna de tenir un carrosse prêt à la porte de la galerie des Cerfs, pour le lendemain matin à quatre heures, lui disant qu'il voulait aller à la Noue, maison au bout de la grande allée sur le bord de la forêt, et être revenu de bonne heure pour le conseil. Le sieur de Marle prévint le cardinal de Guise qu'il eût à se rendre le lendemain à six heures dans la chambre du roi, où devaient se trouver aussi d'Aumont, maréchal de France, les sieurs de Rambouillet, de Maintenon, d'O, le colonel Alphonse d'Ornano, et quelques autres seigneurs. Les quarante-cinq gentilshommes ordinaires furent convoqués pour cinq heures.

A neuf heures, le roi manda Larchant, capitaine des gardes du corps, et lui prescrivit de se trouver le lendemain à sept heures, avec ses compagnons, sur le passage du duc de Guise, et de lui présenter une requête pour le prier d'obtenir le payement des sommes qui leur étaient dues. Les autres instructions de Larchant furent de placer vingt de ses hommes sur l'escalier du vieux cabinet communiquant à la galerie des Cerfs, et de s'emparer de la porte et de l'escalier de façon que personne ne pût passer, dès que le duc de Guise serait entré. Ces ordres donnés, le roi se retira dans son cabinet entre dix et onze heures, avec le sieur de Termes seulement, et vers minuit il l'envoya coucher en lui disant : « Prévenez du Halde qu'il ne faille pas de m'éveiller à quatre heures, et vous trouvez ici à pareille heure. »

Il prit alors son bougeoir et fut coucher avec la reine.

Quatre heures sonnent au réveille-matin de du Halde : il se lève, et frappe à la porte de la chambre de la reine.

Louise Dubois, dame de Piolans, sa première femme de chambre, vient au bruit, et demande ce que c'est.

— C'est du Halde : dites au roi qu'il est quatre heures.

— Il dort, et la reine aussi.

— Eveillez-le ; il me l'a commandé : éveillez-le, ou je heurterai si fort que je les éveillerai tous deux.

Henri, qui avait passé la nuit dans une inquiétude d'esprit continuelle, appelle la dame de Piolans :

— Sire, répond-elle, c'est M. du Halde, qui prévient Votre Majesté qu'il est quatre heures.

— Piolans, dit-il, mes bottines, ma robe et mon bougeoir.

Il se lève précipitamment : la reine l'interroge ; il ne lui répond

pas, et se rend dans son cabinet, où il trouve le sieur de Termes et du Halde. Il demande au dernier les clefs des petites cellules qu'il avait fait construire pour ses capucins. De Termes le précède, le bougeoir à la main ; du Halde le suit, tous deux fort en peine de l'agitation de leur maître. Il enferme à clef du Halde dans une des cellules, lui recommande d'y rester sans bouger, et sans faire aucun bruit. Il redescend, et à mesure que ses quarante-cinq gentilshommes ordinaires arrivent, il les enferme avec le même mystère et les mêmes recommandations.

Les seigneurs convoqués pour le conseil se présentent et sont introduits dans le cabinet, où l'on ne pénètre que par un passage étroit et oblique, pratiqué dans un coin et qui remplace la porte ordinaire, qu'on avait fait boucher. Henri, qui semble vouloir échapper par l'activité du corps aux pensées qui le tourmentent, remonte vers ses prisonniers, les fait descendre un à un dans sa chambre, et sans bruit pour ne pas alarmer la reine-mère, malade et logée au-dessous. Puis il revient dans son cabinet, et adresse à ses conseillers un discours que Miron, son chirurgien, rapporte dans la relation qu'il a laissée de la mort du duc et du cardinal.

— Vous sçavez tous, leur dit-il, de quelle façon le duc de Guise s'est porté envers moi depuis l'an 1585, que ses premières armes furent découvertes, ce que j'ai fait pour détourner ses mauvaises intentions, l'aiant avantagé en toutes sortes autant qu'il m'a été possible et toutesfois en vain, pour n'avoir pas pu ramener, non pas même fléchir à son devoir cette âme ingrate et déloyale; mais au contraire la vanité et la présomption y prenoient accroissement des honneurs, des faveurs et des libéralités, à mesure qu'il les recevoit de moi. Je n'en veux point de meilleurs et de plus véritables témoins que vous, et particulièrement de ce que j'ai fait pour lui, depuis le jour qu'il fut si téméraire de venir à Paris contre ma volonté, et mon exprès commandement. Mais au lieu de reconnoître tant de bienfaits reçus, il s'est si fort oublié, qu'à l'heure que je parle à vous, l'ambition démesurée dont il est possédé l'a tellement aveuglé, qu'il est à la veille d'oser entreprendre sur ma couronne et sur ma vie : si bien qu'il m'a réduit en cette extrémité qu'il faut que je meure ou qu'il meure, et que ce soit ce matin.

Cela dit, il leur explique de quelle façon l'exécution aura lieu, et leur demande s'ils sont prêts à l'assister. Tous offrent leur bras et leur vie. Ensuite, il se rend auprès de ses quarante-cinq gentilshommes ordinaires et leur parle ainsi :

— Il n'y a aucun de vous qui ne soit obligé de reconnaître combien est grand l'honneur qu'il a reçu de moi, ayant fait choix de vos personnes sur toute la noblesse de mon royaume, pour confier la mienne à votre valeur, vigilance et fidélité, la voyant aboyée, et de près, par ceux que mes bienfaits ont obligés en toute façon à sa conversation; par cette affection faisant connaître à tout le monde l'estime que j'ai faite de votre vertu. Vous avez éprouvé quand vous avez voulu les effets de mes bonnes grâces et de ma volonté, ne m'ayant jamais demandé aucune chose dont vous ayez été refusés, et bien souvent ai-je prévenu vos demandes par mes libéralités : de façon que c'est à vous à confesser que vous êtes mes obligés par-dessus toute ma noblesse. Mais maintenant je veux être le vôtre en une urgente occasion où il y va de mon honneur, de mon Etat et de ma vie. Vous sçavez tous les insolences et les injures que j'ai reçues du duc de Guise depuis plusieurs années, lesquelles j'ai souffertes jusqu'à faire douter de ma puissance et de mon courage, pour ne châtier point l'orgueil et la témérité de cet ambitieux. Vous avez vu en combien de façons je l'ai obligé, pensant par ma douceur allentir ou arrêter le cours de cette violente et furieuse ambition, en attiédir ou éteindre le feu; de peur qu'en y procédant par des voies contraires, celui des guerres civiles ne se prît derechef en mon Etat d'un tel embrasement, qu'après tant de rechutes il ne fût à la fin, par ce dernier, réduit totalement en cendres. C'est son but principal et son intention de tout bouleverser pour prendre ses avantages dans le trouble, ne les pouvant trouver au milieu d'une ferme paix, et résolu de faire son dernier effort sur ma personne pour disposer après de ma couronne et de ma vie. J'en suis réduit en telle extrémité, qu'il faut que ce matin je meure ou qu'il meure. Ne voulez-vous pas me promettre de me servir et m'en venger en lui ôtant la vie?

Comme les autres, les quarante-cinq gentilshommes protestèrent de leur dévouement.

— Qui de vous a des poignards? demanda Henri.

Huit d'entre eux seulement en portaient; ils restèrent dans la chambre avec le sieur de Coignac, armé de son épée. Douze hommes se cachèrent dans le cabinet qui avait vue sur la cour et durent frapper au moment où le duc lèverait la portière de velours pour entrer; les autres se tinrent sur l'escalier de la galerie des Cerfs; le sieur de Nambu, huissier de la chambre, eut ordre de ne laisser passer personne que sur le commandement formel du roi.

Entre la pensée et l'exécution, il y a un abîme ; toutes les mesures étaient bien prises, il était impossible que le duc de Guise échappât, et plus le moment approchait, plus Henri sentait redoubler ses inquiétudes : il ne pouvait rester en place, il allait et venait de la chambre du conseil à son cabinet, où il exhortait ses gentilshommes à prendre courage, et à ne pas laisser au duc, qui était grand et fort, le temps de se mettre en défense. On vint lui dire que le cardinal était arrivé ; mais le duc ne paraissait pas encore.

Ses exploits amoureux avaient prolongé son sommeil. Vers huit heures, ses valets de chambre le réveillent et lui disent que le roi est prêt à partir et l'attend. Il se lève, et part. Au pied de l'escalier, il remarque que la garde est renforcée et croit voir qu'elle n'a pas à son aspect une attitude aussi respectueuse que de coutume. Mais le sieur de Larchant s'approche et lui présente sa requête ; le duc lui promet de l'appuyer. Pendant qu'il se dirige vers le cabinet, le lieutenant Rouvroy et l'exempt des gardes de Montclar sont envoyés avec vingt autres à l'escalier de la galerie des Cerfs.

A peine assis au conseil, le duc se sent défaillir, et est pris d'un saignement de nez. Il envoie chercher un mouchoir par un page, et s'adressant au sieur de Morfontaine, trésorier de l'épargne, il le charge de demander à Saint-Prix, premier valet de chambre du roi, des raisins de Damas ou de la conserve de roses. Morfontaine lui apporte en place des prunes de Brignolles. Un dernier avertissement lui avait été donné ; une main inconnue avait attaché à un des coins du mouchoir un billet qui lui disait de sortir incontinent du conseil, sinon qu'il était mort. Mais le billet ne lui parvint pas, il fut surpris entre les mains du page et retiré du mouchoir.

Henri, ayant su qu'il était arrivé, commande à Révol, secrétaire d'Etat, d'aller lui dire de passer dans son cabinet. Mais Nambu, qui n'avait pas entendu la voix du roi, refuse le passage à Révol. Celui-ci s'imaginant que l'huissier les trahit, rentre avec un visage effrayé.

—Mon dieu! s'écrie Henri, Révol qu'avez-vous? qu'y a-t-il? que vous êtes pâle ! vous me gâterez tout. Frottez vos joues, frottez vos joues, Révol !

— Sire, M. de Nambu ne veut pas ouvrir. Henri alors donne l'ordre de la porte, et Révol dit au duc de Guise : « Monsieur, le roi vous demande en son vieux cabinet. »

Le duc se lève, dit adieu aux membres du conseil et heurte à la porte, que Nambu ouvre et referme aussitôt : à deux pas du vieux cabinet, au moment où il se retourne, le sieur de Montsery croyant qu'il se met en défense, s'élance sur lui et le frappe dans le sein en criant : « Ah! traître, tu en mourras! » En même temps, le sieur des Effranats se jette à ses jambes, Saint-Malines lui porte par derrière un grand coup de poignard près de la gorge, et Coignac un coup d'épée dans les reins. « Eh! mes amis! eh! mes amis! s'écrie-t-il, miséricorde. » Un coup de poignard que lui donne Sariac dans le croupion le fait chanceler. Quoique blessé à mort, quoiqu'il eût les jambes saisies, et qu'il fût embarrassé dans les

plis de son manteau, il les entraîna jusqu'au pied du lit du roi, où il tomba mort. Henri s'approcha, et lui faisant subir l'outrage que le duc avait fait autrefois au cadavre de l'amiral, il lui donna un coup de pied sur le visage, et dit après l'avoir contemplé quelque temps : « Mon Dieu, qu'il est grand? Il paraît encore plus grand, mort que vivant. »

Les cris du duc de Guise furent entendus du cardinal. « On tue mon frère, » dit-il, et il se leva; mais le maréchal d'Aumont, mettant l'épée à la main : « Ne bougez pas, mort de Dieu, monsieur! le roi a affaire de vous. » Le cardinal retomba sur son siége plus mort que vif, et disant à l'archevêque de Lyon, qui tremblait comme lui : « Nos vies sont entre les mains de Dieu et du roi. »

Par ordre de Henri, le secrétaire d'État Beaulieu fouilla le duc. On trouva autour de son bras une petite clef attachée à un chaînon d'or, et dans la pochette des chausses une bourse contenant douze écus d'or, et un billet où étaient écrits de sa main ces mots : *Pour entretenir la guerre en France, il faut sept cent mille livres tous les mois.*

Pendant qu'il faisait cette recherche, Beaulieu s'aperçut qu'il remuait encore, et lui dit : « Monsieur, puisqu'il vous reste un peu de vie, demandez pardon à Dieu et au roi. » Mais poussant un profond soupir, il rendit l'âme. On couvrit le cadavre d'un manteau gris sur lequel on plaça une croix de paille. Il resta là plus de deux heures. Enfin le grand prévôt de France, le sieur de Richelieu, fit brûler le corps par son exécuteur, dans une salle basse du château, et l'on jeta les cendres dans la rivière.

Clermont d'Entragues, Châteauneuf et Larchant reçurent aussitôt l'ordre de se saisir du cardinal de Bourbon, de madame de Nemours, du duc de Nemours, son fils, du duc d'Elbœuf et du prince de Joinville, en même temps qu'on arrêtait à l'hôtel de ville, où étaient rassemblés les députés du tiers-état, le président de Nully, son gendre la Chapelle Marteau, le lieutenant d'Amiens, Compans et Cotteblanche, échevins de Paris, de Brissac, Bois-Dauphin et autres ligueurs.

Henri hésitait à frapper le cardinal; il reculait devant l'idée de mettre à mort un prince de l'Eglise. Mais déjà les députés du clergé le réclamaient hautement. On rapporta au roi que quelques jours auparavant, il avait dit : « qu'il ne voulait pas mourir avant d'avoir tenu la tête du tyran entre ses jambes, pour lui faire une couronne avec la pointe d'un poignard. » Le samedi 24, Henri après avoir pris l'avis de son conseil, qui lui représenta que le cardinal était plus cruel et plus remuant encore que son frère et qu'il n'avait rien fait s'il le laissait vivre, commanda au capitaine Gast d'aller le tuer. Mais le capitaine refusa. Pour quatre cents écus, on trouva quatre assassins qui montèrent le chercher dans un galetas du château où il était enfermé depuis la veille avec l'archevêque de Lyon, et feignant de le conduire vers le roi, ils le massacrèrent à coups de hallebardes et de dagues. Son corps fut brûlé comme celui du duc, et ses cendres jetées aussi à la rivière [37].

La nouvelle de la mort du duc de Guise parvint à Paris le 24 décembre, veille de Noël, et le lendemain on apprit l'assassinat du cardinal et les diverses arrestations faites à Blois. Pierre Versoris, l'avocat des jésuites, en éprouva un tel saisissement qu'il en tomba malade et en mourut. Aussitôt la Ligue déploya ses drapeaux, souffla dans tous les cœurs la révolte et la vengeance. Le duc d'Aumale, nommé gouverneur de Paris, fit fouiller par les Seize les maisons des royalistes et des politiques, et les prédicateurs se signalèrent entre tous par leur violence. François Pigenat, curé de Saint-Nicolas-des-Champs par la grâce de la Ligue, et l'un des appointés de la duchesse de Montpensier, éclata en invectives contre le roi et décerna aux deux frères la couronne des martyrs. Lincestre, théologien gascon qui avait volé la cure de Saint-Gervais, fit un sermon dans l'église de Saint-Barthélemi, le 1ᵉʳ janvier 1589, et fit part au peuple qu'il avait trouvé dans l'anagramme de Henri de Valois ces deux mots : *Vilain*, *Hérodes*. Il exigea que tous ses auditeurs fissent sur-le-champ serment de sacrifier leurs biens et de verser jusqu'à la dernière goutte de leur sang pour venger la mort des deux chefs de la Ligue. Le premier président Achille de Harlay n'ayant pas levé la main, Lincestre, du haut de la chaire, l'apostropha : « Levez la main, monsieur le premier président, levez-là bien haut, encore plus haut, afin que le peuple la voie. » Achille de Harlay se soumit à cette insolente injonction, pour ne pas s'exposer à la fureur de la populace. Au sortir du sermon, le peuple arracha du portail de l'église les armoiries du roi, les foula aux pieds, et les jeta dans le ruisseau. Le lendemain, il abattit et brisa les tombeaux et les statues de marbre que Henri III avait fait élever auprès du grand autel de l'église Saint-Paul, à ses mignons Saint-Mégrin, Quélus et Maugiron.

Le 5 janvier, la reine mère, malade depuis quelques jours, mourut au château de Blois, à l'âge de soixante et onze ans, laissant plus de huit cent mille écus de dettes. Cet événement donna naissance à une foule de vers satiriques. Mais aucune de ces pièces, parmi lesquelles il s'en trouve de fort piquantes, n'approche de l'originalité des paroles prononcées le dimanche 8 janvier, par un prédicateur, à Saint-Barthélemi.

« Aujourd'hui, messieurs, se présente une difficulté, sçavoir : si l'Eglise catholique doit prier pour elle, aiant vescu si mal qu'elle a vescu, avancé et supporté souvent l'hérésie, encore que sur la fin elle ait tenu le parti de nostre saincte union, comme l'on dit, et n'ait consenti la mort de nos bons princes catholiques. Sur quoi, je vous dirai, messieurs, que si lui voulés donner à l'aventure par charité ung *pater* et ung *ave*, vous le pouvés faire, il lui servira de ce qu'il pourra, sinon, il n'y a pas grand intérest. Je vous le laisse à votre liberté. »

En attendant, que la cour de Rome fulminât une excommunication contre Henri III, les ligueurs sentirent la nécessité de donner à la révolte une sorte de sanction. Déjà, le 16 janvier, Jean Le Clerc, accompagné de vingt-cinq ou trente hommes déterminés comme lui, cuirassés et armés, était entré au palais pendant que toutes les chambres étaient assemblées, et avait dit, en désignant les conseillers par leurs noms : « Vous, tels et tels, suivés-moi, venés en l'hostel de la ville, on a quelque chose à vous dire. » Le premier président, le président Potier et le président de Thou, se levèrent et le suivirent avec cinquante ou soixante conseillers. Jean le Clerc les conduisit à la Bastille, au milieu des injures de la populace. On nomma d'autres magistrats, et on dressa un formulaire par lequel tous les princes, prélats, présidents, conseillers et autres officiers s'engagèrent devant Dieu, en présence de la sainte Vierge, de tous les anges, de tous les saints, à vivre dans la religion catholique, apostolique et romaine, à répandre jusqu'à la dernière goutte de leur sang pour la défendre. Un des ligueurs s'ouvrit la veine avec son canif et signa de son sang le formulaire. Mais les esprits sages condamnaient ces violences et s'en effrayaient. Il fallait les rassurer. On soumit à la décision de la Sorbonne et de la faculté de théologie, porte-enseignes et trompettes de la rébellion, les deux propositions suivantes : 1° Si les Français étaient dégagés du serment de fidélité qu'ils avaient prêté au roi ; 2° S'ils pouvaient prendre les armes pour s'opposer à ses desseins. La réponse n'était pas douteuse : la Sorbonne et la faculté décidèrent que le peuple était délié du serment de fidélité, qu'il fallait rayer le nom du roi du canon de la messe et ne plus prier pour lui.

Quelques jours après, on célébra dans l'église de Notre-Dame un service solennel pour le repos des âmes du duc et du cardinal de Guise. Aimar Hennequin, évêque de Rennes, célébra la messe, Pigenat prononça l'oraison funèbre. Des processions et des prières publiques eurent lieu par la ville. Des enfants et des jeunes filles marchaient dans les rues, deux à deux, portant des chandelles de cire ardente, chantant les litanies et les psaumes. Ces processions devinrent à la mode; des gens de tout âge et de tout sexe s'en allaient braillant sur les places, à la porte des églises, en chemise et pieds nus, et comme la saison était rigoureuse, ces dévots et ces dévotes, après leurs pieux exercices, se réchauffaient ensemble. Paris était livré au plus effroyable désordre, aux orgies les plus scandaleuses entretenues par les prédicateurs. Le langage de la chaire était aussi ordurier que celui du peuple. Boucher, Pigenat, Commelet, Lincestre, vomissaient des injures contre Henri. Boucher l'appelait un teigneux, un Turc par la tête, un Allemand par le corps, une harpie par les mains, un Anglais par la jarretière, un Polonais par les pieds, un vrai diable en l'âme. Lincestre montrait au peuple un chandelier sur lequel étaient sculptés de petits satyres, et affirmait que Henri les adorait comme ses dieux et les invoquait dans ses opérations de magie.

Catherine de Clèves, veuve du duc, présenta requête au parlement contre Henri de Valois, *jadis roi de France et de Pologne*, comme porte le titre d'un livret de seize pages in-8°, imprimé et vendu chez Denys Binet, en 1589, avec l'approbation des docteurs. Ce curieux recueil des pièces du procès commençait ainsi :

« Messieurs les députés du royaume de France, demandeurs selon l'exploit et libelle de M. Pierre Dufour l'Evesque, en date du 12 janvier 1589, d'une part, et le peuple et consorts aussi joints, demandeurs, d'une part; contre Henri de Valois, au nom et en la qualité qu'il procède, défendeur, d'autre part; disent par-devant vous, messieurs les officiers et conseillers de la couronne de France, tenant la cour de Parlement à Paris que, pour les causes, raisons et moyens ci-après déduits :

« Ledit Henri de Valois pour raison du meurtre et assassinat commis ès illustrissimes personnes de MM. le duc et cardinal de Guise, sera condamné pour réparation audit assassinat à faire amende honorable nud en chemise, la teste nue et pieds nuds, la corde au cou, assisté de l'exécuteur de la haute justice, tenant en sa main une torche ardente de trente livres, lequel dira et déclarera en l'assemblée des estats, les deux genoux en terre, qu'à tort et sans cause il a commis ou fait commettre ledit assassinat aux dessusdits duc et cardinal de Guise, duquel il demandera pardon à Dieu, à la justice et aux estats; que dès à présent, comme criminel et tel déclaré, il sera démis et déclaré indigne de la couronne de France, renonçant à tout tel droit qu'il y pourroit prétendre : et ce pour les cas plus à plein mentionnés et déclarés au procès, dont il se trouvera bien et duement atteint et convaincu; oultre qu'il sera banny et confiné à perpétuité au couvent et monastère des Hiéronymites, assis près du bois de Vincennes, pour là y jeusner au pain et à l'eau le reste de ses jours; ensemble condamne aux dépens, etc., etc. — *Signé* Chicot. »

Au lieu d'agir, Henri laissait les ligueurs s'emparer de la ville d'Orléans; il envoyait un héraut nommé d'Auvergne, porter ordre au duc d'Aumale de quitter Paris et interdiction au parlement, à la chambre des comptes, à la cour des aides, au prévôt de Paris et à tous autres officiers et juges, d'exercer aucune juridiction.

Le messager fut emprisonné et courut grand risque d'être pendu, et enfin renvoyé avec une ample provision d'injures pour son maître, auquel il put dire que le peuple accolait à son nom les épithètes et les qualifications de b.... et de fils de p..... Ses négociateurs n'avaient pas plus de succès à Rome auprès de Sixte-Quint, qui alla jusqu'à les menacer de les faire arrêter.

Le vendredi 9 février arriva à Paris la duchesse de Montpensier, le 10, la duchesse de Mayenne, le 11, la duchesse de Nemours, le 12, le duc de Mayenne avec une armée. Les ligueurs le déclarèrent chef de la sainte union, et lieutenant général de l'État du consentement du nouveau parlement; son portrait fut exposé avec une couronne fermée sur la tête. On rompit les sceaux du roi, et on en fit deux nouveaux avec les armes de France et un trône vide, portant pour inscription le sceau *du royaume de France.* L'esprit de révolte se répandit par tout le royaume : Toulouse fut ensanglantée par l'assassinat du président Duranti, et de son frère, avocat général, et Henri III fut réduit à s'appuyer sur le parti des protestants, et à traiter avec Henri de Navarre que, quelque temps auparavant, il avait sacrifié à l'ambition des Guises.

Depuis l'entretien mystérieux dans l'église des Jacobins, Guignard s'était attaché à Jacques Clément. Il ne se passait pas de jour qu'il ne le vît; que, soit par lui-même, soit par les autres, par ses discours ou ceux qu'il lui faisait entendre, il ne cherchât à entretenir en lui une pensée de meurtre. Il le fit assister aux sermons des prédicateurs les plus furieux, et ses dignes collègues et associés, Boucher, Pigenat, Commelet, Lincestre, n'épargnaient pas les exhortations indirectes. Mais Jacques Clément restait insensible à ces provocations. Comme toutes les natures violentes et bornées, soumises aux appétits grossiers et charnels, et dépourvues de sens moral, il se livrait en aveugle à la passion qui le dominait. Il n'y avait pour lui qu'un seul objet au monde, cette femme qui avait porté le trouble dans ses sens, qu'un seul bonheur, la possession de cette femme, et à défaut de la réalité, son imagination déréglée lui donnait des rêves ardents, une possession factice, qui irritait encore ses désirs au lieu de les apaiser. Guignard avait fini par se convaincre qu'il ne pourrait rien obtenir par lui-même. C'était donc de cette femme inconnue qu'il parlait sans cesse, c'était elle qu'il cherchait à découvrir. Trop habile pour détourner Jacques Clément de cette poursuite, trop patient pour se décourager, il attendait que le hasard le mît sur la trace.

Les ligueurs cependant continuaient leurs pillages, ils pendaient et brûlaient les hérétiques, et joignaient le sacrilége à l'impiété.

Six cents écoliers appartenant à tous les colléges de l'université, en chemise et pieds nus, se réunirent un soir et ouvrirent la marche d'une procession nocturne qui parcourut la ville à la clarté des torches et au bruit d'une musique discordante. Cette procession offrait le mélange bizarre de tous les costumes, de toutes les conditions, de tous les sexes et de tous les âges. Le recteur de l'université, revêtu de sa robe de maître es-arts avec le camail et le roquet, marchait l'épée au côté, une pertuisane sur l'épaule, la tête et la barbe rasées. Des curés armés de pied en cap suivaient des moines et des novices dont les robes étaient retroussées, et qui portaient un casque sous leurs capuchons et une rondache pendue au cou. Un autre curé faisait office de sergent de bande, habillé en gendarme, une cotte de mailles sur le dos, l'épée au côté, un poignard à la main droite, une hallebarde sur l'épaule gauche, allait et venait, surveillant l'ordre des rangs. De trois en trois, s'avançaient cinquante religieux, jacobins, cordeliers, carmes, capucins, minimes, feuillants, qui n'étaient pas les derniers à poursuivre de leurs regards lascifs les jeunes garçons et les femmes, demi-nus. Parmi les capucins, six avaient un morion surmonté d'une plume de coq; l'un portait une lance, l'autre une croix, l'autre un épieu, l'autre une arquebuse, l'autre une arbalète; ensuite venaient les mendiants, puis les Seize marchant quatre à quatre, les prévôts des marchands, et les échevins.

La queue de cette cohue répondait dignement à la tête. Le nombre des spectateurs de la mascarade était immense. Hommes et femmes se pressaient aux fenêtres, dans les rues, parlaient, riaient, se disputaient, apostrophaient la procession, qui ripostait par des injures, par des bons mots, par des sarcasmes. C'était un feu croisé de phrases interrompues, de cris, de murmures; c'était une folle nuit, où tout un peuple dans l'ivresse de la révolte se livrait sans frein à l'orgie, à la débauche, perdait toute retenue et toute pudeur. Mille flambeaux éclairaient ces scènes tumultueuses, et la fumée épaisse et odorante des torches résineuses montait avec le bruit vers le ciel, comme l'encens de ce sacrifice impur.

Sur une espèce de char traîné par deux chevaux, se tenait debout le duc d'Aumale, le plus fieffé libertin de cette époque de libertinage, l'homme qui comptait le plus d'exploits amoureux, le plus de femmes séduites : tête sans intelligence, corps de fer, auquel tout était bon pour assouvir ses appétits lubriques : les faveurs accordées ou ravies, le consentement ou la résistance, les jouissances volontaires ou le viol. Parmi les femmes qui regardaient passer le cortége, il en reconnaissait qui avaient été ses maîtresses; d'autres attiraient ses regards par leur jeunesse, par

leur beauté. A celles-là, il adressait des œillades, des sourires, des propos galants; il leur envoyait des dragées musquées dans une sarbacane. Ces belles occupations ne l'empêchaient pas de caresser publiquement sa cousine, mademoiselle de Sainte-Beuve, vêtue d'une manière négligée, et qui souffrait ses caresses avec l'impudence et l'effronterie d'une courtisane de profession.

Il y avait dans la foule un jeune moine dont les regards ardents erraient sur toutes ces femmes, et derrière lui se tenait un jésuite qui épiait tous ses mouvements.

Un détachement des gardes italiennes du lieutenant-général séparait ce char d'un autre que précédaient et accompagnaient des massiers fourrés d'hermine, et où était assise la duchesse de Mayenne entre deux autres dames. Mais ce n'était pas elle qui attirait l'attention de la foule. Sur le devant du char se tenait debout une autre femme de trente-cinq ans environ, mais belle encore, et de cette beauté qui annonce des passions ardentes, qui remplace le charme et la fraîcheur de la jeunesse par l'expression de la volupté. Un vêtement serré dessinait les formes arrondies de son corps; ses cheveux, crêpés et relevés à la mode du temps, dégageaient son front; l'audace brillait dans ses yeux et le dédain respirait sur ses lèvres; elle disait au peuple, en agitant au-dessus de sa tête une paire de ciseaux destinés à couper la chevelure de Henri III et à en faire un moine :

— Le tyran a jeté enfin le masque; il a fait alliance avec Henri de Navarre, le chef des hérétiques, et tous deux, réunissant leurs forces, s'avancent vers Paris pour détruire la religion catholique; mais, pour la défendre, nous n'épargnerons ni nos bras, ni nos vies.

Et le peuple répondait à ces paroles :

— Vive la ligue! vive la sainte union! mort à Henri de Valois!

Le char s'avançait toujours entre les rangs pressés de la foule. Tout à coup, pendant un moment de silence, un cri s'éleva :

— C'est elle! c'est elle!

Et aussitôt, hors de lui, renversant sur son passage hommes et femmes, Jacques Clément s'élança vers le char.

— La duchesse de Montpensier! dit Guinard : c'est la duchesse de Montpensier qu'il aime!

Mais le peuple, qui ne comprenait rien à l'exclamation de Jacques Clément, et qui croyait peut-être qu'il voulait se porter à quelque tentative contre la duchesse, se serra autour de lui, pendant que le char poursuivait sa route.

— Venez, dit Guinard au jeune moine : venez, mon frère, je vais vous dire le nom de cette femme.

Avant de se laisser emmener, Jacques Clément retourna la tête du côté où le char s'était éloigné; mais il avait déjà disparu au tournant de la rue. Le jeune moine poussa un profond soupir, baissa la tête, et, sans plus opposer de résistance, comme si toute sa force et sa volonté l'avaient abandonné, il suivit son compagnon.

— Mon frère, dit Guinard, quand ils se furent éloignés, Dieu vous a choisi dans la foule pour accomplir l'œuvre de sa justice et de sa vengeance. La femme que vous aimez est la sœur des princes que nous pleurons, Catherine-Marie de Lorraine, duchesse de Montpensier.

— Marie de Lorraine! répéta Jacques Clément avec un accent douloureux. Ah! je suis maudit! Marie de Lorraine ne m'aimera jamais!

— Sa haine contre Henri de Valois est implacable; elle a le sang de ses frères à venger.

— Trop de distance nous sépare.

— Dieu peut la combler.

— Je suis maudit! je suis maudit!

— Calmez-vous, mon frère, je veille sur vous. Bientôt peut-être l'espérance rentrera dans votre cœur.

Ils avaient suivi le chemin qui conduisait au couvent des Jacobins. Lorsqu'ils furent arrivés près de la porte, Jacques Clément dit à Guignard:

— Laissez-moi retourner sur mes pas, je veux la revoir encore.

Mais le jésuite, le prenant par le bras, le força d'entrer; il l'accompagna jusqu'à sa cellule et fit réveiller le prieur Bourgoing, avec lequel il eut une courte conférence.

Il était deux heures de la nuit à peu près. Jacques Clément eut la même vision qui l'avait si souvent agité, et, dans son délire, il crut entendre une voix qui lui disait:

— Frappe, c'est l'ordre de Dieu, frappe, et tu me posséderas.

En sortant du couvent, Guignard se dirigea vers le collège des jésuites. Malgré l'obscurité, malgré l'heure avancée de la nuit et les dangers que pouvait courir un homme seul et sans armes dans les rues abandonnées aux malfaiteurs, il gagna le pont Saint-Michel, le traversa ainsi que le pont au Change, et, remontant la rivière jusqu'à la Grève, il gagna le quartier de Sainte-Avoye.

Il marchait avec rapidité et comme un homme préoccupé par une idée fixe. Tout entier à ses pensées, il avait passé, sans les remarquer, à côté de quelques individus de mauvaise mine, occupés à dévaliser une boutique de changeur. S'il eût seulement tourné la tête, il était perdu ; mais ils virent bien qu'évidemment il ne songeait pas à les troubler dans l'exercice de leur honnête industrie, et ils le laissèrent continuer son chemin.

— Quel bonheur ! se disait-il : c'est Marie de Lorraine qu'il aime, la maîtresse dédaignée à laquelle Henri de Valois a fait une offense qu'une femme ne pardonne jamais. Il faut que je lui parle cette nuit même, que je lui apprenne le secours inespéré que Dieu nous envoie, et ses secrets desseins sur elle.

Il arriva rue du Chaume, et frappa à la porte d'un vaste hôtel.

C'était l'ancien hôtel de la Miséricorde, qui avait porté, près d'un siècle auparavant, le nom du connétable de Clisson, assassiné en 1393. François, duc de Guise, l'avait acheté seize mille livres à Philibert Babou, évêque d'Angoulême. En 1556, Charles de Lorraine, cardinal, et archevêque de Reims, avait acquis l'hôtel de Laval, situé au coin de la rue de Paradis et de la rue du Chaume, et séparé de l'hôtel de Clisson par un impasse qui aboutissait à l'hôtel de la Roche-Guyon, dans la vieille rue du Temple. Louis de Rohan, comte de Montbazon, le vendit, en 1560, au duc de Guise, et ces trois hôtels réunis formèrent, avec quelques maisons particulières, l'hôtel de Guise, qui garda ce nom jusqu'en 1697, époque à laquelle François de Rohan, prince de Soubise, l'acheta des héritiers de Marie de Lorraine, duchesse de Guise et de Joyeuse, morte à Paris le 3 mars 1668, à soixante-treize ans, dernier rejeton de la branche de Lorraine-Guise. L'hôtel de Soubise est aujourd'hui le dépôt des archives.

Guignard frappa vainement : on ne répondit pas. L'hôtel était sombre et paraissait désert.

Il se promena devant la porte. Au bout d'une demi-heure, un murmure confus qui allait en augmentant et qui semblait se rapprocher, s'éleva du côté de la rue des Quatre-Fils; bientôt il distingua le bruit des pas de plusieurs chevaux, et il vit briller des lumières. La duchesse de Montpensier rentrait à l'hôtel de Guise, précédée par des valets portant des torches, et accompagnée par quelques jeunes seigneurs attachés à la maison du lieutenant général.

Cette fois, la grande porte de l'hôtel s'ouvrit avec fracas, et Guignard entra à la suite des cavaliers.

Un des seigneurs offrit sa main à la duchesse pour l'aider à descendre de cheval; elle s'élança légèrement, et dès qu'elle eût mis pied à terre, Guignard s'approcha d'elle.

En voyant cet inconnu, Marie de Lorraine recula vivement, et

craignant quelque mauvais dessein, porta la main sur un poignard pendu à sa ceinture.

— Que voulez-vous? dit-elle.

Le jésuite s'inclina humblement, et faisant signe aux jeunes seigneurs, qui déjà s'apprêtaient à s'emparer de lui, qu'ils n'avaient rien à redouter,

— Je désire parler à madame la duchesse.

— Qui vous envoie?

— Dieu.

— Qui êtes-vous?

— Le régent du collége des jésuites de cette ville, Jean Guignard.

La qualité de membre de la société de Jésus, auxiliaire actif et puissant de la Ligue, était une excellente recommandation; mais un ennemi pouvait mentir au nom des révérends pères, comme ceux-ci mentaient pour leur propre compte. La duchesse ajouta:

— Je ne vous connais pas. Qui me donnera la preuve que vous êtes réellement ce que vous dites?

— Cette lettre.

— De qui est-elle?

— Du prieur des Jacobins.

— Le père Bourgoing?

— Il l'a écrite il y a une heure.

La duchesse la lut à la clarté d'une torche qu'approcha un des valets.

— C'est un ami, messieurs, dit-elle en souriant, un ami sûr et fidèle comme vous, que m'adresse le prieur. Venez avec moi, mon père. Je suis prête à entendre la confidence que vous avez à me faire. Au revoir, messieurs.

Elle traversa la cour et monta avec Guignard l'escalier qui conduisait à ses appartements.

La conférence fut longue entre eux. Guignard ne quitta l'hôtel de Guise que vers six heures du matin.

Les armées réunies de Henri III et de Henri de Navarre s'étaient rapprochées de Paris. La ville et le château d'Etampes étaient en leur pouvoir, et l'occupation de ce point important leur avait permis d'envoyer leur avant-garde jusque dans les campagnes et les villages à l'ouest de la capitale. L'esprit de révolte y était toujours déchaîné, mais le feu courait risque de s'éteindre si on ne le soufflait activement. Les ligueurs avaient été taillés en pièce à Senlis. Après une attaque hardie contre un des faubourgs de Tours, où était Henri III, le duc de Mayenne avait été obligé de se retirer, et de céder à la terreur que jeta parmi ses troupes le retour précipité du roi de Navarre. La défense de Paris imposait aux bourgeois un service pénible. Chaque jour, quinze cents ou deux mille hommes étaient placés aux tranchées. On voyait rentrer de tous côtés les habitants des villages occupés par les troupes royales, chassant devant eux leurs bœufs, leurs vaches, leurs moutons, leurs chevaux, leurs ânes, emportant ce qu'ils avaient pu sauver de leurs meubles. A cette foule éperdue et qu'il fallait nourrir, se joignaient les religieux et des religieuses des monastères voisins.

La nouvelle d'un avantage remporté sur l'armée royale eût ranimé tous les courages et fait taire toutes les plaintes ; mais on n'apprenait que de nouveaux échecs. Pontoise était investie par le roi de Navare, et il n'y avait guère espoir qu'elle pût tenir longtemps. Dans le courant de juillet, un de ces rodomonts qui ne doutent jamais de rien et qui croient que la bravoure personnelle remplace toutes les autres qualités, Congi, chevalier du guet, sortit par la porte Saint-Jacques avec un détachement, et se dirigea vers Bourg-la-Reine, promettant de pourfendre l'ennemi. Il revint le soir même en compagnie de six soldats estropiés ; le reste avait été tué ou fait prisonnier. Ce mauvais succès, insignifiant par lui-même, et qui, dans un autre moment, n'eût excité aucune émotion, redoubla le mécontentement. Il était à craindre que, malgré le zèle furieux des prédicateurs qui redoublaient de violence à mesure qu'ils se sentaient plus compromis, le peuple ne fît un mauvais accueil au chef de la Ligue, au duc de Mayenne, qui, depuis qu'il avait pris la direction suprême des affaires, n'avait encore réussi qu'à reculer et à se faire battre. Il devait revenir à Paris. On s'avisa d'un expédient à l'usage de tous les pouvoirs qui craignent pour eux-mêmes. Le matin même de son retour, le bruit se répandit que plusieurs hommes armés étaient cachés au faubourg Saint-Germain chez Gondi, où devait descendre le duc, et qu'ils avaient formé le projet de l'assassiner. Le moyen n'était pas neuf ; mais, depuis Alcibiade qui coupa la queue à son chien pour détourner l'attention des Athéniens, il a toujours réussi : d'ailleurs on n'a jamais eu besoin de se mettre en grands frais d'invention pour tromper les Parisiens. Menacé de perdre la vie dans un guet-apens, le duc de Mayenne redevint un héros, et pendant qu'on assiégeait, qu'on pillait et fouillait de fond en comble sans y trouver un poignard ou une arquebuse, le logis de Gondi, le duc rentrait triomphalement aux acclamations de la foule, qui le saluait comme un libérateur. Grâce à cette réception, il put organiser une vigoureuse résistance, et les Parisiens, dociles pour quelque temps, oublièrent leurs griefs et leurs craintes de la veille.

L'exaltation, l'enthousiasme, revinrent au comble lorsqu'on apprit que Sixte-Quint avait lancé sur Henri III les foudres de l'excommunication, et délié ses sujets du serment de fidélité. Henri III n'était pas homme à répondre comme le roi de Navarre, à rendre menace pour menace. Il craignait plus le Vatican que la Ligue, et, sans son nouvel allié, il serait tombé dans le découragement et resté dans l'inaction.

La haine de la duchesse de Montpensier avait sa source dans une indiscrétion de Henri. Avant ses débauches infâmes avec ses mignons, il avait aimé les femmes. Marie de Lorraine lui avait inspiré des désirs auxquels elle s'était empressée de donner satisfaction. Mais le roi trouva que sa beauté n'était que de montre, et que l'intimité révélait en elle certains défauts cachés qui balançaient ses mérites apparents. Ils devinrent ennemis irréconciliables. Henri continua ses épigrammes, et Marie de Lorraine médita une vengeance plus terrible. Elle se fit l'âme de la Ligue.

« Elle porta, dit Brantôme, sa bonne part d'inventions de son gentil esprit et du travail de son corps, à bastir ladite Ligue ; si qu'après avoir esté bien bastie, jouant aux cartes un jour à la prime (car elle aimait fort le jeu), ainsy qu'on lui disoit qu'elle meslât bien les cartes, elle répondit devant beaucoup de gens. « Je les ay si bien meslées, qu'elles ne sçauroient mieux mesler ny démesler. »

Les déclamations, les injures, les vers satiriques contre le roi, retentissaient de tous côtés. Il y avait au-dessus du maître-autel de l'église des Cordeliers, détruite en 1580, puis rebâtie en 1585 par les soins de Henri III, un tableau représentant ce prince priant à genoux auprès de la reine. Les cordeliers coupèrent la tête à cette peinture, et quelques jours après, les jacobins barbouillèrent et mutilèrent un autre portrait du roi en présence de Marie de Lorraine, que le prieur Bourgoing avait reçue en grande cérémonie. Pendant cette belle expédition, un jeune moine se tenait caché derrière un des piliers de l'église ; l'impression que cette femme produisait sur lui était étrange. C'était un désir violent jusqu'à agiter tous ses membres d'un tremblement nerveux, et en même temps timide jusqu'à le clouer à la même place, jusqu'à l'empêcher de prononcer une parole : on eût dit qu'il y avait en elle quelque chose qui l'attirait et le repoussait également, une sorte d'effroi mêlé aux voluptés qu'il rêvait. Guignard était à côté de lui. Tout à coup la duchesse se retourna. Le jésuite lui fit signe que c'était là le jeune moine dont il lui avait parlé dans leur entretien mystérieux à l'hôtel de Guise. Elle s'avança vers eux, seule et sans être suivie par le prieur, et s'arrêta à deux pas de Jacques Clément, pâle, tremblant, et que Guignard était presque obligé de soutenir. Un regard lui suffit pour se convaincre de la violence de la passion qu'elle avait inspirée.

— Je vous ai déjà vu deux fois, dit-elle.

Le son de sa voix acheva de troubler Jacques Clément : il baissa la tête et ne put pas répondre.

— Oui, deux fois, continua la duchesse : la première fois sur la place de l'Hôtel-de-Ville ; la seconde, à la procession nocturne de la Ligue. C'est vous que la foule a empêché d'approcher de moi. Aviez-vous quelque chose à me dire, quelque requête à me présenter ?

Jacques Clément balbutia une réponse inintelligible.

— J'ai bonne mémoire, comme vous voyez, je n'oublie pas mes amis, et je sais que vous êtes des nôtres. Je sais que si Dieu vous choisissait pour venger sa sainte religion outragée vous n'hésiteriez pas. Gardez ces sentiments, et comptez sur ma reconnaissance.

En même temps elle lui présenta, avec un gracieux et charmant sourire, sa main à baiser.

Une sorte de vertige s'empara de Jacques Clément. Sa vue se troubla, ses jambes fléchirent ; il tomba à genoux et baisa la main qu'elle lui tendait.

— Bien, se dit Guignard : le tigre a flairé le sang, il voudra le boire.

Le prieur et les moines se rapprochèrent, et la duchesse sortit lentement de l'église. Au moment où elle quittait le couvent :

— A demain, dit-elle au jésuite qui l'avait accompagnée.
— A demain, madame.

La nuit qui suivit, Jacques Clément revit Marie de Lorraine dans ses rêves, et la même voix lui cria :

— Frappe, c'est l'ordre de Dieu ! frappe, et tu me posséderas.

Mais le cœur de l'homme est plein de secrets étranges, de désirs et de volontés contraires. L'instinct de destruction qui s'était éveillé d'abord dans l'esprit de Jacques Clément, cette vague pensée du meurtre qui l'avait tourmenté lorsqu'elle s'égarait au hasard, se refroidissait à mesure qu'elle s'arrêtait sur une victime désignée à ses coups. Le bonheur que le meurtre semblait lui promettre, il n'osait plus le désirer par la crainte de le perdre en devenant l'instrument de la haine de Marie de Lorraine; car il se dévouait à l'échafaud. Il avait fait ces confidences à Guignard, qui les avait rapportées à la duchesse. Celle-ci, avant de s'engager, avait voulu voir le jeune moine. C'était le moins qu'une femme, qui admettait la possibilité de se livrer, de faire de sa possession le prix d'un assassinat, connût celui à qui elle devait s'abandonner. L'entrevue, sous ce rapport n'avait pas été défavorable à Jacques Clément. Habituée aux intrigues, à faire naître et à satisfaire des désirs que ses sens seuls partageaient, à ne voir l'amour que dans la débauche, Marie de Lorraine était trop habile en ces sortes d'affaires, pour ne pas savoir comment elle triompherait des hésitations de son futur amant, quelle passion nouvelle et irrésistible elle devait opposer à cette crainte de la mort. Sa science pratique fit plus en quelques secondes que tous les sophismes théoriques de Guignard n'avaient fait depuis le jour où Jacques Clément lui avait ouvert son cœur. A la passion surexcitée par une première faveur, Marie de Lorraine allait en faire succéder une autre, terrible, impétueuse, aveugle, la jalousie.

Le lendemain de cette scène, Guignard et Jacques Clément sortirent ensemble du couvent des Jacobins, et se dirigèrent vers la rue Coulture-Sainte-Catherine. Derrière le monastère de Sainte-Catherine, appelé autrefois Sainte-Catherine-du-Val-des-Écoliers, s'élevait un vaste hôtel qui existe encore aujourd'hui et qu'ont embelli successivement les travaux de trois célèbres architectes : Jean Goujon, Jacques Androuet du Cerceau et François Mansard. Le président Jacques des Ligneris avait pris à rente foncière cinq places en la Coulture-Sainte-Catherine, et y avait fait bâtir cet hôtel que son fils Théodore des Ligneris, vendit en 1578, à Françoise de la Baune, dame de Carnavalet, qui lui donna son nom. Ce fut là que tous deux entrèrent. Guignard parla bas au gardien de l'hôtel, qui les laissa passer.

— Où me conduisez-vous? demanda Jacques Clément à son compagnon.

— Mon frère, répondit le jésuite, laissez-vous guider par moi : ce qui déchire et torture le cœur, ce n'est pas la passion qui s'en empare, c'est le doute. L'obstacle à vaincre, même quand il paraît insurmontable, n'est rien pour celui qui veut fortement et qui sait ce qu'il veut. Depuis longtemps vous êtes tourmenté moins par un amour qui n'est pas satisfait que par les hésitations de votre esprit. Il faut sortir de cet état de trouble; il faut que vous appreniez aujourd'hui que vous n'avez rien à espérer.

— Rien à espérer, mon père? dit Jacques Clément en pâlissant.

— Venez avec moi. Le remède est violent sans doute, mais il est nécessaire. Montons : on pourrait nous apercevoir des fenêtres de l'hôtel, et l'on ne doit pas savoir que nous sommes ici. C'est par surprise que je vous y introduis.

Ils prirent à gauche de la porte d'entrée, un escalier dérobé. Après avoir monté une vingtaine de marches, Guignard ouvrit une porte, et ils se trouvèrent dans une pièce sombre, où arrivaient des bruits confus et lointains de voix d'hommes et de femmes.

Marie de Lorraine est ici! s'écria Jacques Clément, je reconnais sa voix.

— Silence, mon frère, dit le jésuite vous allez assister, sans être vu, à une conférence qui ne doit pas avoir de témoins. Jurez-moi, quelque chose que vous entendiez, de rester maître de vous, de ne point trahir notre présence. Nous ne sortirions pas vivants de cet hôtel. Faites le serment que je vous demande.

En ce moment on entendit distinctement la voix de Marie de Lorraine.

— Mon père qu'exigez-vous? que vais-je voir? que vais-je entendre? et si je dois apprendre, comme vous le dites, que tout espoir d'être aimé d'elle est perdu pour moi, comment pourrais-je demeurer insensible et muet? Je ne puis rien promettre.

— Alors mon frère il est inutile d'aller plus loin, retournons sur nos pas et sortons de cet hôtel.

Je jure de me taire, d'imposer silence à mon désespoir, dit

Jacques Clément : oui, je vous le jure! Que mon sort se décide enfin! je ne profèrerai pas une parole, je ne laisserai pas échapper un cri : je saurai mourir sans me plaindre.

— Venez donc, mon frère.

Leurs yeux s'étaient habitués à l'obscurité. Guignard lui indiqua, dans le coin à gauche de cette chambre, une petite porte qu'il ouvrit avec précaution. Il le fit passer dans une autre pièce où une faible lumière pénétrait à travers les volets fermés et les rideaux, et, enfin, dans une troisième, sombre comme la première. Jacques Clément tressaillit en entendant de nouveau la voix de la duchesse de la chambre voisine. Guignard le saisit fortement par le bras et le conduisit vers une tapisserie qui régnait dans toute la longueur de la chambre.

Pendant que Jacques Clément, qui venait de s'asseoir à une des extrémités, car ses jambes ne pouvaient plus le soutenir, cachait sa tête entre ses mains, le jésuite agita la tenture, la souleva rapidement, et son regard rencontra celui de Marie de Lorraine. Après l'avoir ainsi avertie de son arrivée, il laissa retomber la tapisserie contre l'angle du mur, et, se penchant vers le jeune moine, il lui dit à l'oreille en lui cédant sa place :

— Tenez-vous ici, et écoutez.

Jacques Clément entendait le bruit des verres et des baisers, des paroles d'amour et des propos libertins; il écarta légèrement à son tour la tapisserie, et, l'œil fixe, la poitrine haletante, il regarda le spectacle qui s'offrait à lui.

Marie de Lorraine était assise à l'un des bouts d'une table chargée de viandes froides, de fruits et de flacons. En face d'elle était le duc d'Aumale et mademoiselle de Sainte-Beuve; le milieu de la table était occupé par deux seigneurs et deux femmes, le marquis de Saveuse-Tiercelin, qui faisait ménage avec une célèbre courtisane de ce temps, la Sainte-Cère, et le comte de Randam, amant d'une autre fille de joie, nommée la Loüe. Sur un carreau de velours, où la duchesse de Montpensier appuyait un de ses pieds chaussé d'un bas de soie rose à jour et d'un soulier mignon, était assis dans l'attitude d'un soupirant le seigneur de Flavacourt, jeune homme à la blonde chevelure et dont la beauté était remarquable. Il levait sur la duchesse des regards passionnés, et de temps à autre elle semblait encourager son amour par un doux sourire.

C'était un spectacle bien propre à exciter les sens d'un jeune moine libertin, et à faire pénétrer dans son cœur l'aiguillon empoisonné de la jalousie. Le calcul de Marie de Lorraine n'avait pas été au delà. L'arrivée imprévue de deux nouveaux personnages donna une autre physionomie à cette scène, et d'une partie de débauche fit un événement politique, où le sort de Henri III se décida. Avec l'habileté et la promptitude d'un général qui par une inspiration soudaine enchaîne la victoire à ses drapeaux, Marie de Lorraine profita de ce secours inattendu.

Sauf le seigneur de Flavacourt, amant de la duchesse, mais qui avait accepté pour cette fois le rôle de soupirant, aucun de ces personnages ne se gênait pour prendre des libertés avec l'objet de son amour. Tout à coup la porte de la chambre s'ouvrit.

— Belle occupation, dit au duc d'Aumale qui embrassait mademoiselle de Sainte-Beuve, un homme gros et replet qui entra brusquement ; belle occupation pour un chef de parti ! Buvez, riez, faites l'amour, et pendant ce temps l'ennemi s'approche et nous enveloppe.

Qu'y a-t-il donc, mon frère? demanda la duchesse : quelles nouvelles avez-vous reçues ?

Quelles nouvelles? répondit le duc de Mayenne, car c'était lui : avant-hier, Pontoise s'est rendue par composition au roi de Navarre.

— En êtes-vous certain ?

— Les gentilshommes sont sortis de la ville montés sur leurs chevaux de service, les soldats avec leur épée ; les bourgeois n'ont pas été pillés, mais ils se sont engagés à faire réparer à leurs dépens l'église Notre-Dame, que pendant le siége le canon a endommagée, et à payer trente-cinq mille écus pour les frais de la guerre. Une partie de la garnison a passé dans le camp de Henri ; l'autre est arrivée à Paris escortée par le vainqueur lui-même, et tel est, l'ascendant qu'il exerce, que déja ils font son éloge publiquement, et que le peuple commence à dire que si Paris doit capituler un jour, il vaudra mieux se rendre à Henri de Navarre, tout hérétique qu'il est, qu'au catholique Henri de Valois.

— Aussi vrai que je vous aime, ma reine, dit le duc d'Aumale en embrassant de nouveau mademoiselle de Sainte-Beuve, le roi de Navarre n'entrera pas dans Paris,

— Ni Henri de Navarre, ni Henri de Valois, s'écria le marquis de Saveuse.

— N'avons-nous pas nos épées? dit à son tour le comte de Randam.

La duchesse de Montpensier se tourna vers le seigneur de Flavacourt, toujours couché à ses genoux, et appuyant une main sur son épaule :

— Et vous, Louis, ne faites-vous pas le même serment ?

— Puis-je former, dit-il, d'autres vœux que les vôtres? Ma haine pour le tyran est aussi vive que mon amour pour vous est grand. Ces deux sentiments se confondent dans mon cœur. Ordonnez, Marie, et vous serez obéie.

Ces paroles, et le baiser sur la main qui les accompagnait, entrèrent comme un coup de poignard dans le sein de Jacques Clément; il étouffa à grand'peine un douloureux soupir, et quelque mouvement involontaire l'eût trahi, si Guignard, aussi attentif que lui à ce qui se passait de l'autre côté de la tapisserie, ne l'eût retenu.

Le duc de Mayenne laissa paraître sur son visage un sourire de dédain, et s'adressant à la duchesse :

— Vous faites bien, ma sœur, d'avoir des défenseurs aussi dévoués, et le moment peut-être n'est pas loin où vous aurez besoin de mettre ce dévouement à l'épreuve.

— Pourquoi moi plus qu'un autre, plus que vous, mon frère? Notre cause est la même. Vainqueurs ou vaincus ensemble, nous devons partager le péril ou le triomphe.

Sans doute : mais Henri de Valois se croit déjà si sûr de la victoire, qu'il vous envoie un avertissement.

— A moi ?

— A vous, ma sœur.

— Quel est cet avertissement? Ne voulez-vous pas me le dire, s'il est bon ?

— Vous l'apprendrez de la bouche même du messager qui s'est chargé de vous le transmettre.

— C'est peut-être encore, dit le duc d'Aumale, ce fou de d'Auvergne qui s'est proposé pour remplir cette commission. Cet homme veut à toute force être pendu.

— Ce n'est pas lui, reprit le duc de Mayenne. Celui-ci se nomme Janin, et il ne sera pas pendu. Le compliment que Henri vous adresse m'a semblé si original de la part d'un ancien amant, que j'ai engagé ma parole à Janin qu'il aurait la vie sauve, si vous lui permettiez de vous le débiter.

— Ce Janin est ici ?

— A la porte de l'hôtel où je l'ai trouvé insistant, priant, menaçant pour être introduit auprès de vous. Je lui ai dit d'attendre et je lui ai promis de vous présenter sa requête.

— Je suis curieuse de l'entendre, mon frère.

Le duc de Mayenne ouvrit la porte de la chambre et dit à haute voix à un des valets placés au haut de l'escalier :

— Faites monter la personne qui est dans la cour.

Quelques minutes après, on vit entrer un homme de quarante-cinq à cinquante ans, long, maigre, d'une physionomie dure et osseuse, et chez lequel l'intelligence paraissait moins développée que la force physique. La mission dont il s'était chargé n'exigeait en effet, de la part du négociateur, ni adresse, ni éloquence ; c'était une grossièreté, une offense à la duchesse de Montpensier, qui devait être débitée brutalement par un homme disposé, si elle était mal reçue, à faire respecter par l'épée sa qualité d'envoyé du roi. Malheureusement pour Janin, il s'était exagéré l'importance de son rôle, et, comptant sur sa mémoire, quoique vingt fois elle lui eût fait défaut, il avait préparé en route un superbe discours.

Après avoir salué en entrant avec une politesse douteuse, il fit quelques pas vers la duchesse, s'arrêta droit comme un soldat au port d'armes, et lui dit d'une voix solennelle :

— Madame, le roi Henri III, mon maître et le vôtre...

La duchesse de Montpensier, que la mine et la tournure grotesques de l'ambassadeur avaient mise en bonne humeur, résolut, avant même de savoir ce qu'il avait à lui dire, de s'amuser à ses dépens ; elle l'interrompit :

— Monsieur, dit-elle, il serait plus poli à vous de parler de moi d'abord, et de dire votre maître et le mien...

Janin reprit gravement :

— Madame, le roi Henri III, votre maître et le mien...

Mais il n'était pas au bout de ses tribulations, Marie de Lorraine l'arrêta de nouveau :

— Dites seulement le mien, monsieur ; Henri de Valois n'est pas mon maître. Le pape nous a déliés de toute obéissance envers lui. Continuez maintenant, monsieur.

Janin toussa deux ou trois fois, et déjà un peu déconcerté :

— Madame, le roi Henri III mon maître m'envoie vers vous...

— C'est très-probable, en effet, monsieur, puisque vous voilà. Mais pourquoi vous envoie-t-il ? C'est là ce qu'il faut dire, et ce que vous ne dites pas.

— Vous m'interrompez toujours, dit brusquement Janin ; puis, reprenant un visage de circonstance :

— Madame, le roi Henri III mon maître m'envoie vers vous pour.....

Il en était là de sa harangue, lorsqu'il entendit mademoiselle de Sainte-Beuve qui étouffait à grand peine un éclat de rire. Il tourna la tête du côté de la table, et au même instant les convives perdirent leur gravité affectée : ils se renversèrent en riant aux éclats sur leurs sièges, et le duc de Mayenne lui-même partagea l'hilarité générale. Quand ce bruyant accès de gaieté fut un peu calmé, Janin ne se rappelait plus un mot du discours qu'il avait appris par cœur ; cependant il recommença sa malencontreuse phrase :

— Madame, le roi Henri III mon maître...

Les éclats de rire recommencèrent de plus belle, et lui coupèrent la parole.

— Au diable l'éloquence ! s'écria-t-il ; je ferais bien mieux de parler simplement. J'ai donc à vous dire, madame la duchesse, que c'est vous qui soutenez et entretenez le peuple de Paris dans sa rébellion, que vous avez à vos gages des prédicateurs qui insultent et injurient le roi, et que celui-ci vous prévient que dès qu'il sera rentré dans sa capitale, ce qui ne tardera pas, il vous fera brûler toute vive. Tenez-vous pour avertie [38].

— Et tenez-vous aussi pour averti, vous qui vous êtes chargé de cet insolent message, s'écria le jeune seigneur de Flavacourt en se levant avec impétuosité ; tenez-vous pour averti que si vous ne présentez pas vos excuses à madame la duchesse, vous ne sortirez pas d'ici sans avoir reçu le châtiment que vous avez mérité.

— Bien dit, seigneur de Flavacourt, s'écria de Saveuse Tiercelin.

— C'est parler en digne gentilhomme, interrompit Raudam. Puisque vous avez pris la parole le premier, à vous l'honneur de châtier ce rustre impertinent ; mais je jure que si vous n'en avez pas raison, cela me regarde, et mon épée fera ce que la vôtre n'aura pu faire.

— Moi, ensuite, dit Saveuse.

— Un instant, messieurs, dit le duc d'Aumale en se levant à son tour, j'espère que personne ici ne me disputera le droit de venger la maison de Lorraine, à moins que le duc de Mayenne ne le réclame pour lui.

Nullement ému par ces provocations, qui le troublaient beaucoup moins que la plus simple phrase à improviser ou à réciter de mémoire, Janin tenait la main sur la garde de son épée, attendant le moment de dégaîner.

Le duc de Mayenne s'avança entre lui et les autres personnages :

— Cet homme est monté ici sous la sauvegarde de ma parole. Il doit en sortir sain et sauf, je le veux.

Les quatres seigneurs protestèrent contre cet ordre, mais le duc se montra inflexible. Le plus ardent de tous était le jeune Flavacourt. Quant à Janin, il restait dans la même position, une jambe en avant, le fourreau de l'épée dans la main gauche, et la droite sur la poignée.

Pendant que Mayenne parlait à d'Aumale, Marie de Lorraine, comme si elle eût été frappée d'une inspiration soudaine, prit par le bras son amant, et lui parla bas quelques minutes avec vivacité. Le jeune homme parut se rendre à ses raisons, et la duchesse faisant signe de la main qu'elle réclamait le silence, dit à haute voix :

— Je vous remercie tous, Messieurs, d'avoir si chaudement ressenti l'outrage qui m'a été fait. Mais ni cet homme, ni celui qui l'envoie, ne valent la peine que vous tiriez l'épée. C'est à moi, à moi seule de répondre :

Elle reprit sa place, et se tournant vers Janin, qui n'avait pas encore bougé.

— Monsieur, dites de ma part à votre maître qui veut me faire brûler toute vive, que le feu est pour les sodomistes comme lui, et si vous étiez plus jeune et moins laid, j'ajouterais comme vous. Allez, Monsieur, répétez mon compliment à Henri de Valois avec la présence d'esprit et l'élocution fleurie dont vous venez de nous donner la preuve.

Janin, enchanté d'avoir rempli son message, s'inclina comme s'il eût été congédié d'une manière polie et gracieuse, tourna sur ses talons, et sortit de la chambre de la même façon qu'il y était entré, ainsi qu'un automate marchant.

— Voilà une singulière bête, s'écria le duc d'Aumale au milieu de l'hilarité générale, et madame la duchesse a merveilleusement répondu à l'impertinence de Henri de Valois.

Pendant quelques minutes, les rires et les plaisanteries continuèrent. Jacques Clément avait tout vu, tout entendu. Ses regards ardents ne quittaient pas Marie de Lorraine et le seigneur de Flavacourt couché de nouveau à ses pieds. La jalousie le mordait au cœur.

— J'avoue, dit Saveuse, que je ne m'explique pas le message de Henri, à moins que ce Janin ne soit quelque manant incommode dont il a pensé se débarrasser en le chargeant d'une mission semblable, auquel cas j'aurais regret de n'avoir pas rempli ses désirs.

— Cela signifie simplement, reprit le duc de Mayenne, que Henri se croit déjà assez sûr de la victoire pour insulter ses ennemis. J'approuve, ma sœur, la réponse que comme femme vous lui avez faite, mais il faut que nous lui en fassions une autre.

— C'est une autre aussi que je compte lui faire, dit Marie de

Lorraine, et sa figure prit tout à coup une expression sinistre et résolue qui fit tressaillir Jacques Clément, comme s'il eût, par une sorte de pressentiment, deviné ce qu'elle allait dire, et lu dans sa pensée.

— Vous avez raison, mon frère, continua la duchesse ; ce n'est pas avec des épigrammes que la guerre doit se terminer. Henri a l'espoir de nous voir bientôt à sa merci ; mais il faut que cet espoir soit déçu et il le sera. Messieurs, poursuivit-elle en s'adressant à Saveuse et à Randam, nous nous étions réunis pour une partie de plaisir, maintenant je songe aux affaires sérieuses. Je connais votre dévouement à notre sainte cause ; entrés des premiers dans la Ligue, vous êtes toujours prêts à la servir, mais vous me pardonnerez si je vous prie de vous retirer avec ces dames ; et vous d'Aumale, vous laisserez mademoiselle de Sainte-Beuve s'éloigner avec elles.

Les femmes n'avaient aucune objection à faire, mais les deux seigneurs congédiés d'une manière si imprévue essayèrent de faire changer la résolution de la duchesse, et réclamèrent l'honneur d'être admis à ses confidences. Après quelques paroles échangées de part et d'autre, ils s'apprêtèrent à sortir. Le seigneur de Flavacourt fit mine de suivre leur exemple.

Marie de Lorraine l'arrêta par le bras.

— Restez, Louis, j'ai besoin de vous.

Quand ils furent seuls :

— Chacun de nous, dit-elle, a pris sa part dans cette grande querelle ; chacun de nous a joué sa tête. Le sort des armes ne nous est pas favorable, qu'un autre moyen nous sauve. S'il ne peut être vaincu sur le champ de bataille, qu'un coup de poignard nous délivre du tyran !

— Un assassinat ! s'écrièrent à la fois Mayenne et d'Aumale.

— Une vengeance légitime.

— Et qui se chargera de frapper, ma sœur.

— Quelqu'un qui est ici.

Jacques Clément fit un mouvement qui agita la tapisserie et qui aurait trahi sa présence, si dans ce moment le duc de Mayenne et le duc d'Aumale avaient tourné les yeux de ce côté. Guignard se pencha vers lui et lui dit :

— Écoutons.

— Oui, reprit la duchesse, quelqu'un qui est ici, quelqu'un qui m'aime, et qui sait maintenant à quel prix je mets mon amour.

Il sembla à Jacques Clément qu'en parlant ainsi, la duchesse avait regardé de ce côté.

— Marie! s'écria en tombant à ses genoux Louis de Flavacourt, auquel, quelques instants auparavant, elle avait dicté son rôle; Marie, que venez-vous de dire?

— C'est une preuve d'amour que je vous demande.

— Mais je vous aime, vous le savez bien; je vous aime comme un insensé; mon bonheur est de vivre près de vous, pour vous, attendant un regard, un sourire, une douce parole, puisque jusqu'à ce jour vous ne m'avez pas accordé d'autre faveur.

— Elle lui a résisté, murmura Jacques Clément, et il sentit son cœur bondir dans sa poitrine.

— Elle ne l'aime peut-être pas, lui dit à l'oreille Guignard; elle peut en aimer un autre.

Marie de Lorraine reprit :

Je suis lasse de ces amours qui se ressemblent tous, de ces regards languissants, de ces paroles enflammées qu'on me prodigue, tandis que le cœur reste froid; il me faut d'autres amours, d'autres passions qui comprennent les miennes, qui haïssent comme je hais, qui ressentent mes offenses, qui consentent à les venger.

— Mais vous voulez que je plonge ma main dans le sang! vous voulez faire de moi un assassin !

— Le vengeur de la France et de la religion.

— Mettez mon amour à une autre épreuve.

— Celle-ci ou ma haine.

— Votre haine! eh bien!..

Il y eut un instant de silence.

Jacques Clément se leva; hors de lui, il allait écarter la tapisserie et s'élancer dans la chambre aux genoux de la duchesse, mais Louis de Flavacourt s'était relevé en même temps, et il s'écria :

Je ferai ce que vous voulez; désignez le temps et le lieu, Henri mourra de ma main !

— Malédiction sur moi ! dit Jacques Clément d'une voix étouffée par la douleur, et cédant à la violence de ses émotions si longtemps comprimées, il retomba sur son siège, et de là sur le parquet, sans voix et sans mouvement.

A ce bruit, Mayenne et d'Aumale se regardèrent en pâlissant.

— Quelqu'un nous écoutait!

Tous deux tirèrent l'épée et se dirigèrent vers la tapisserie; mais le jésuite l'écarta vivement. Il était agenouillé derrière Jacques Clément, qu'il avait relevé sur son séant et qu'il soutenait contre lui :

— Madame, dit-il, je crains que l'épreuve n'ait été trop forte.
— Que veut dire ceci? demandèrent à la fois d'Aumale et Mayenne.

— Celui qui frappera Henri, répondit la duchesse en désignant du doigt le jeune moine, le voici, il m'appartient maintenant; sa volonté est la mienne, et je jure que Henri me paiera ses insolences! mon frère, et vous, d'Aumale, venez avec moi et le seigneur de Flavacourt; je vous apprendrai ailleurs comment le ciel nous a envoyé ce secours inespéré.

Puis, s'adressant au jésuite :

— Mon père, prenez ce flacon qui contient un cordial d'une vertu souveraine; rappelez ce jeune homme à la vie, dites-lui que je suis partie avec Louis de Flavacourt, auquel j'ai promis toute ma tendresse; rendez-le jaloux jusqu'à en perdre la raison. Adieu, mon père; prévenez le prieur qu'il me verra cette nuit. Il faut battre le fer pendant qu'il est chaud.

L'horloge du couvent des capucins venait de sonner minuit. Une femme masquée, qu'accompagnaient deux hommes à pied, descendait de sa mule à la porte du couvent; ils étaient partis tous trois, sans escorte, sans flambeaux, de l'hôtel de Guise, et avaient traversé Paris avec précaution, regardant à chaque détour de rue s'ils étaient remarqués ou suivis. La dame fit ses adieux à ses deux compagnons, dont l'un était le duc d'Aumale, l'autre était Louis de Flavacourt.

— Demain matin à Saint-Lazare, dit-elle au premier, avec mon frère; apportez le passe-port et les lettres. Votre main, Louis.

Celui-ci prit la main qu'elle lui tendait, et la baisant avec un profond soupir :

— Je suis un amant commode, n'est-ce pas? J'ai honte du rôle que vous me faites jouer, et il me prend des envies de vous haïr.

— Enfant, répondit-elle, est-ce que nous en sommes à ces jalousies vulgaires? Je vous aime autant que je déteste Henri de Valois, et je vous aurais embrassé et remercié si vous étiez venu me dire : — Marie, vous avez pour rivale une autre Judith dont j'ai armé le bras; mais adieu, nous perdons le temps en vaines paroles.

www.ingramcontent.com/pod-product-compliance
Lightning Source LLC
Chambersburg PA
CBHW060515090426
42735CB00011B/2241